FAIS LA MOITIÉ DU CHEMIN...

FAIS LA MOITIÉ DU CHEMIN...

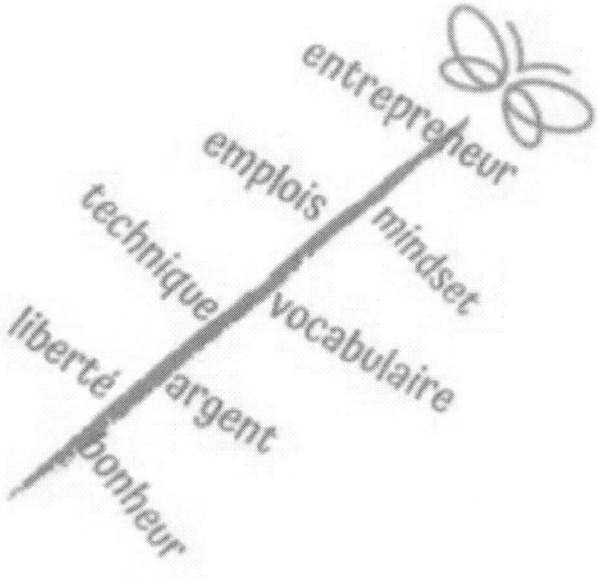

La méthode M.E.T.A. indispensable pour tout webmarketeur (en herbe) qui veut changer de vie.

Par la créatrice de ma_sacoche [mon-ideal]

VALÉRIE FICHEUX

Avertissement

Ce livre, fruit de mon expérience, a été pensé et écrit afin d'aider les webmarketeurs en herbe et toute personne qui aimerait se reconvertir.
Par conséquent, en cas d'imperfections, je vous remercie de bien vouloir m'en faire part afin de faire évoluer le livre de façon constructive. J'apporterai alors les modifications nécessaires dans la version en ligne et sur chaque édition papier.

Merci pour votre contribution participative et constructive.

Code ISBN : 9781092315937

Version 4

« Pensez grand et n'écoutez pas les gens qui vous disent que ce n'est pas réalisable. La vie est trop courte pour penser petit. »

Tim Ferriss.

Tables Des Matières

PRÉFACE

Août 2016. Je viens de garer ma moto à la pointe de Spérone en Corse, face aux magnifiques îles Lavezzi et à la Sardaigne au loin. Je me dirige vers la plage et marche vers une petite crique. J'attends un coup de fil. Un coup de fil très important à cet instant de ma vie. Je vis seule désormais en supportant la charge financière de mes deux enfants qui étudient au loin et d'un crédit d'appartement. Ma seule certitude est que je ne veux plus être salariée.

Le téléphone sonne. Appel de mon Directeur Général. Je lâche le morceau : j'arrête ma collaboration après 8 ans au poste de commerciale dont j'ai largement fait le tour. Un incident au travail, des incompréhensions avec ma hiérarchie, aucune possibilité d'évolution. L'impression de me cogner contre les murs, comme un papillon en cage, m'est insupportable. Je m'étais offert une formation sur le management afin d'évoluer : ce que je voulais plus que tout, c'était faire grandir les autres, les tirer vers le haut pour qu'ils s'accomplissent également. Devenir un leader. J'étais prête à tout. La preuve : n'ayant jamais reçu d'écho à mes demandes de formation, j'en avais supporté le coût au grand étonnement de l'organisme de formation qui n'avait jamais vu une salariée financer sa propre formation. De ce fait, au vu de ma motivation, ils m'en ont offert une seconde ! Donnez… Vous recevrez toujours en échange. Investissez sur vous. *Que me propose mon DG ?* Rien, il n'a rien de mieux à m'offrir. Alors j'irai proposer mes compétences ailleurs. Ce qui signifie dans un premier temps le chômage à partir de cet instant. J'ai comme l'impression de me retrouver seule sur une île déserte. Seule face à ma vie et à mon avenir professionnel. J'abandonne le confort d'une vie de commerciale, un salaire et des primes et la voiture de fonction qu'il me faut restituer. Autant d'avantages qui disparaissent. Il me reste ma moto, posée sur sa béquille, qui est aussi mon réconfort, ma passion. Le deux-roues, c'est la liberté et j'ai besoin de cette liberté. À ce moment-là, je n'ai absolument aucune idée de ce que sera mon avenir. Mais je sais une chose : jamais plus je ne serai salariée car ce statut n'est décidément pas fait pour moi. Ma tête déborde d'idées que les strates de la hiérarchie rendent impossibles à réaliser. En 30 ans de carrière, j'ai été salariée 10 ans. Le reste du temps je menais mes activités entrepreneuriales ; il n'est guère étonnant que je ne me sois pas adaptée. Les employeurs n'ont pas réussi à me faire « *entrer dans le moule* ».

Très souvent, votre âme d'entrepreneur se fait ressentir mais l'erreur est de vous laisser influencer par votre environnement qui ne le mentionne pas comme une des options possibles ; mais qui se charge de faire miroiter devant vous ce fameux sésame de fin d'études qu'est le CDI (une sorte de graal ouvrant la route vers une soi-disant vie de rêve).

Septembre 2018 - 2 ans sont passés. Jamais au grand jamais je n'aurais imaginé écrire ce livre deux ans plus tard dans une thématique que je ne connaissais pas alors, après avoir déjà créé et lancé ma marque.

J'ai tellement appris pendant ce laps de temps que je n'ai qu'une envie : partager toute cette connaissance dans le but de faire gagner énormément de temps aux entrepreneurs dans le lancement de leur activité ou de leur projet. J'aurais tellement apprécié de trouver un tel ouvrage dès le démarrage, plutôt que de perdre des heures à comprendre ce qu'un formateur voulait dire car je ne comprenais rien à son vocabulaire.

En effet, à ce stade, le temps est compté : soit vous êtes au chômage et le décompte est en route car il vous faut trouver rapidement un revenu de remplacement, soit vous n'avez pas droit au chômage et il est urgent d'être productif. Ou encore, vous avez décidé de passer à l'action en complément de votre travail.

Ce que j'ai mis 600 jours à découvrir et à apprendre, pour vous, ce sera le temps de la lecture de ce livre, soit quelques heures ou quelques jours. Au moins sur la théorie car il restera la pratique.

Mais vous aurez de bonnes bases pour ce que j'appelle le « *y'a qu'à… il faut que…* »

À la lecture du premier livre sur le e-commerce, je ne comprenais qu'un mot sur deux. J'ai donc commencé à tirer la ficelle. Je n'étais pas au bout de mes surprises. Un zeste de chance, des rencontres, des choix décisifs, beaucoup de curiosité et une forte dose de persévérance m'ont propulsée là où je me trouve aujourd'hui.

Une fois encore, le désir d'aider les autres, de les tirer vers le haut, de les faire avancer est revenu très fort en moi, d'où le besoin d'écrire ce livre pour partager avec vous mon expérience et vous faire gagner un temps précieux. Je veux surtout vous aider à opérer les bons choix avant de vous engager dans une direction. J'ai découvert tant de métiers passionnants, inconnus pour moi et j'ai dû apprendre le vocabulaire adapté.

Ainsi, si aujourd'hui vous êtes comme moi il y a deux ans, il est fort à parier que le sens de cette phrase soit quelque peu incompréhensible :

« *Si tu as décidé de faire du dropshipping, ce serait bien pour toi de connaître les bases du SEO pour être performant dans ton eshop, puis de maîtriser le back-end, le copywriting, de surtout bien remplir tes méta descriptions et tes balises title. Puis de maîtriser Facebook Ads, les conversions, le retargeting et de bien savoir scaler tes pubs. Sans oublier surtout de split-tester toujours et encore. Mais si tu préfères faire de l'infoproduit, tu maitriseras tes funnels de vente, avec ta page d'optin, ton leadmagnet, des upsells et downsells, ton exit pop-up afin de récupérer des mails qui arriveront dans ton autorépondeur. Tu pourras ainsi travailler en automatique et trouver ta liberté. Ensuite tu t'occuperas de ton e-réputation via ton community management.* »

Si tel est le cas, alors ce livre est fait pour vous. Dans quelques heures, ce langage n'aura plus de secret pour vous.

Vous allez me dire : pourquoi avoir écrit un livre, plutôt que d'avoir prévu une formation en ligne ?

Il y a plusieurs raisons à cela car je voulais :

- Que changer de vie soit accessible à tous, même aux personnes disposant de peu de moyens financiers. Cet ouvrage est accessible à tous de par son prix modique et comme vous pourrez le constater, il est très dense en matière d'informations.
- Qu'il soit facilement accessible au plus grand nombre, en format numérique ou papier.
- Qu'il puisse être lu en tous lieux, sans besoin de connexion… Commencez à changer votre vie sur votre temps de transport au travail : lisez quand vous prenez les transports en commun.
- Qu'il vous donne l'envie d'approfondir vos connaissances en vous orientant vers d'autres formations complémentaires. J'insiste sur le fait que vous trouverez ici les bases pour avancer, mais qu'il faudra bien évidemment vous former dans votre thématique spécifique.
- Vous évitez le temps chronophage passé sur YouTube, le web, ou les blogs à la recherche d'informations de toutes sortes car pendant ce temps vous n'avancez pas, et vous ne savez pas forcément à qui vous fier. Vous trouvez de tout, mais ce n'est pas structuré. Le puzzle nécessite ensuite d'être assemblé. Vous trouverez régulièrement des livres en français ou en anglais mais souvent avec une spécificité : « *créer un blog* », « *le dropshipping* », « *la publicité Facebook* », « *le copywriting* », etc. Malheureusement aucun n'explique les bases telles que clarifier le vocabulaire, où trouver les outils conseillés, vers quel secteur s'orienter, quel métier exercer, quels financements obtenir pour démarrer, *quel statut adopter ?*

J'espère qu'après avoir lu ce livre, vous aurez trouvé la motivation qui vous manquait pour franchir le pas, et surtout que vous y verrez plus clair dans vos idées et pourrez choisir votre voie.

Si j'avais pu lire un tel manuel avant de démarrer, je n'aurais sûrement pas agi de la même façon.

Une fois lancée dans l'aventure, j'ai appris que créer sa marque constitue l'étape la plus difficile et qu'il est préférable de ne pas commencer par là. Trop tard, c'était fait. Quelle richesse par contre à partager cette erreur pour vous aider.

Aujourd'hui, si vous n'avez pas eu la chance d'étudier dans une école de commerce, ce n'est pas grave, d'autres moyens existent pour vous aider à réussir.

Je vais vous enseigner l'OPTION B du Baccalauréat, celle dont personne ne vous a parlé, à savoir L'ENTREPRENEURIAT. Votre conseillère d'orientation s'est bien gardée de vous en parler, souvent par méconnaissance car cette voie n'avait pas la forte notoriété qu'elle a aujourd'hui.

Mon but est de vous accompagner dans votre réalisation personnelle et dans la recherche de votre BONHEUR. « *Il est où le bonheur ? Il est où ?* ». Cette phrase vous parle et la réponse est ici : le bonheur ne se trouve pas, il se crée ! Il vous faudra faire attention au rêve vendu sur papier, sur le web ou sur YouTube. Gagner des millions, vivre sous les cocotiers et circuler à bord de belles voitures, ce n'est peut-être pas le bonheur de tout le monde. Pour certains, juste quelques jours dans l'année suffiront.

Alors, avant de démarrer vous devez bien réfléchir à vos aspirations, votre objectif, votre POURQUOI : *pourquoi voulez-vous vous lancer dans ce projet ?* Vous allez écrire ce pourquoi au fond de vous. Attention, un pourquoi authentique.

Le job idéal existe-t-il ? Entendons par là le job qui vous connecte à la joie, au bonheur, qui vous permet de vous lever chaque matin avec entrain avec l'impression de ne pas aller travailler.

Je tiens à préciser que le job idéal existe sous le statut de salarié, et heureusement car nous avons besoin de salariés pour faire tourner l'écosystème. Pour ces personnes, il représente la sécurité et leur permet de donner de l'importance à leur entreprise. Si votre entreprise vous le rend bien, je suis heureuse pour vous.

Par contre, si vous n'êtes pas bien dans votre poste, vous pouvez vous interroger sur votre mode de vie idéal : *que ne voulez-vous plus ? Que voulez- vous ?* Faites la liste de tous les points et mettez en place vos « *parenthèses de bonheur* » comme j'aime souvent le dire. Car la vie n'est pas un bonheur en continu, elle est faite de petites parenthèses de bonheur, qu'il vous faudra voir et savourer. Souvent, le bonheur se compose de choses simples, et aussi, souvent, il se vit avec des gens simples. Il est à la portée de tout le monde. Mais surtout, faites ce qui VOUS ressemble, et non pas ce qu'il convient de faire. Identifiez votre bonheur selon vos besoins profonds : *de combien d'argent ai-je besoin ? Combien de temps suis-je prêt à lui consacrer ? Quel est mon objectif : préparer ma retraite ? Acquérir une maison ? Partir en voyage au bout du monde ? Ai-je besoin de consommer toujours davantage ? Dans quoi suis-je le plus épanoui ? Est-ce qu'aider les autres me rend heureux ? Combien d'heures par jour aimerais-je travailler, profiter de ma famille et de mes amis ?* Si vous voulez simplement doubler votre salaire sans gagner des millions, c'est magnifique. Il peut juste vous manquer quelques euros pour toucher le bonheur. En prendre conscience avant de vous lancer est une bonne chose. Vous entendrez souvent des propositions pour gagner plusieurs dizaines de milliers d'euros par mois, et si vous ne les faites pas, vous penserez être mauvais. Absolument pas ! C'est juste que votre bonheur n'est pas là. Restez en accord avec vous-même. Et si vous désirez ces millions, alors pas de problème : avec une bonne dose de formation et de travail en plus de l'idée, tout est possible. À chacun son bonheur à disposition ! Mais sachez que le riche a aussi des problèmes… de riche.

Un conseil : investissez plutôt dans les formations, les expériences, la liberté, les autres, qui vous nourriront au plus profond de vous-même, plutôt que dans le matériel, plus superficiel.

Créer donne du sens à sa vie. Et si vous aidez les autres à réussir et à accomplir ce qui vous correspond vraiment, alors vous vous épanouirez durablement.

L'essentiel est d'oser, d'avancer. Mais ne vous dispersez surtout pas ! Choisissez une idée, développez-la jusqu'au bout, mettez tout en place, vendez, et ensuite seulement passez à l'idée suivante.

Et plus vous serez-vous même, plus vous serez heureux. Ne l'oubliez jamais. C'est là que vous toucherez votre bonheur.

« *Soyez-vous mêmes, les autres sont déjà pris.* »

Oscar Wilde

INTRODUCTION

Avant de démarrer, je pense qu'il est important de vous présenter mon parcours et mes expériences qui serviront de fil conducteur à ce livre.

Je me souviens très bien qu'en classe de 3e, j'avais décidé de devenir infirmière. Finalement, l'année du Bac (F8, médico-social), j'aurais préféré intégrer une école d'hôtesses, ce qui m'obligeait à quitter ma famille et ma ville mais économiquement c'était compliqué. Je deviendrais donc infirmière. C'est un métier unique qui offre finalement un éventail de possibilités de postes, en salariat ou en libéral, dans un contexte empreint d'humanité. Une belle valeur !

Après 3 années d'exercice en milieu hospitalier, j'étais déjà comme un papillon en cage, travaillant sous les bons vouloir d'une surveillante. Inconcevable pour moi. J'ai alors bifurqué vers l'exercice en libéral pendant 4 ans. Première expérience de chef d'entreprise.

Puis les rencontres de la vie font que je m'associe pour créer un restaurant dans la capitale des Flandres, Le Pot Beaujolais à Lille. Premier virage à 180°. Ne pas avoir peur de se remettre en question. Une première affaire pendant 7 ans (le temps d'un crédit), bien placée pour le service du midi mais pas pour le soir. Puis un transfert en hyper centre-ville de Lille fait passer notre effectif de 3 à 10 salariés. Il est inutile de préciser que cela représente des heures de travail et de présence, avec une grande richesse en relations humaines, ce qui compense quand vous faites votre clientèle à votre image. Sans compter l'apprentissage pour devenir un vrai chef d'entreprise, gérant une SARL, avec tout à superviser, y compris le personnel. Une très belle expérience et une affaire pérenne puisque le restaurant fonctionne toujours, mais sans moi. Physiquement c'était trop difficile sur le long terme. J'ajouterai que je garde en mémoire l'importance de la reconnaissance du travail des salariés. En effet, chacun est indispensable à son propre poste. Ainsi, si le plongeur est absent, il incombe au patron de le remplacer à son poste. J'en parle en connaissance de cause puisque je l'ai fait, alors tapis rouge chaque jour à l'arrivée du plongeur. Le jour où vous pourrez déléguer une partie de votre travail, n'oubliez jamais que votre liberté n'existerait pas sans vos collaborateurs. Respectez-les, quelle que soit leur fonction.

Suite à cette expérience de manager en restauration et après avoir suivi une formation appropriée, je me suis reconvertie dans la visite médicale, dans une fonction combinant les métiers d'infirmière et de commerciale.

Après une pause entre 2 entreprises je décide de travailler avec mon mari qui recherchait une collaboratrice dans son cabinet de conseil en gestion de patrimoine (CGP).

Cette expérience m'amène à regretter l'absence d'une « *Option C* » au baccalauréat, à savoir la gestion de patrimoine ! J'apprends tellement pendant 3 ans et recommande à tout un chacun d'effectuer un tel stage une fois dans sa vie. Personne ne verrait plus son banquier, ni son notaire du même œil… On apprend ainsi à faire la différence entre un contrat d'assurance-vie d'une banque et celui d'un assureur. On apprend comment faire de l'investissement immobilier pour diminuer ses impôts, comment faire la différence entre un crédit in fine et un crédit amortissable. On apprend à gérer et optimiser la gestion d'une entreprise. Il est vraiment regrettable que ce métier ne soit pas considéré par les particuliers à sa juste valeur en France, ni par les chefs d'entreprise qui, par méconnaissance, font davantage confiance à leur comptable. Je puis vous assurer que ce n'est pas du tout le même métier. Tout le monde devrait avoir affaire à un CGP en plus de son banquier et de son expert-comptable car l'expert-comptable est avant tout comptable, et le CGP, gestionnaire et organisateur de patrimoine. Tous doivent travailler la main dans la main.

Là encore, comme pour l'entrepreneuriat, cet aspect de la vie des affaires est inconnu de beaucoup d'entre nous.

Trois ans passés enfermée dans un bureau, à traiter essentiellement des dossiers administratifs, telle n'est pas vraiment ma vocation. *Vous me qualifiez d'instable ?* Ce n'est pas ainsi que je vois les choses : je revendique juste la liberté de ne pas poursuivre plus avant dans une voie qui ne me convient plus, qui ne m'enthousiasme plus, et de pouvoir choisir ce qui me correspond. *Pourquoi subir ?* Je préfère agir. Je suis juste consciente que notre passage sur terre est court, autant qu'il soit agréable. Peut-être encore marquée par l'arrêt cardiaque de mon père au travail à l'âge de 57 ans. Pour moi c'est demain. Alors autant se construire une vie d'épanouissement. Merci Papa pour ton soutien de là-haut.

Finalement je retourne dans la fonction commerciale pendant trois ans : l'idée de circuler en voiture tout en travaillant me plaît, d'autant que le paysage de la côte d'Azur est plutôt agréable et me convient bien. Vous connaissez la suite.

« Fais la moitié du chemin, la vie t'apportera l'autre moitié. »

Jean-Louis Etienne, médecin-explorateur.

Un jour j'ai eu la chance de rencontrer l'explorateur Jean-Louis Étienne et de discuter avec lui. Je lui ai demandé ce qu'il pensait de ceci : mon fils voulait étudier la biologie mais ses professeurs le lui déconseillaient en avançant que le secteur était encombré. Il m'a répondu la phrase ci-dessus en insistant sur le fait qu'il n'aurait jamais mené cette vie s'il n'avait pas accompli la moitié du chemin, laissant faire la suite. Il m'arrive souvent de répéter cette phrase à mes proches, car j'ai pu en vérifier la justesse à maintes reprises.

Quelques jours après ma décision de quitter mon poste de

commerciale, étant désormais sans travail et m'interrogeant sur mon avenir professionnel, je fais la connaissance d'un commerçant qui a créé sa marque de chaussures. Au cours de notre discussion il glisse qu'il aurait aimé disposer d'un site internet mais qu'il n'a jamais voulu s'en occuper.

Il est des moments dans la vie où des mots sortent spontanément de notre bouche, sans que l'on comprenne pourquoi : « *Et si je m'en occupais ?* » Il me répond « *OK !* ». En fait, disposant de temps libre, il me fallait une occupation. Let's go !

Preuve que je démarrais vraiment de zéro dans ce domaine, je me suis immédiatement procurée un livre sur le e-commerce - ce manuel dont je n'ai compris qu'un mot sur deux - et j'ai proposé à ma fille de partager avec nos amis sur Facebook pour faire connaitre le site… de quoi faire dresser les cheveux des marketeurs professionnels. Je ne savais même pas que la publicité Facebook existait.

C'est à ce moment que j'ai commencé à dérouler le fil, jusqu'à faire rayonner sa marque sur toute la France, trouver un revendeur. La boutique physique qui est saisonnière, va finalement vivre à l'année grâce à sa boutique e-commerce. Suite à cette saison e-commerçante réussie, j'ai décidé de créer ma propre marque, lancée en mars 2018. L'aventure est loin d'être terminée puisque je lance mon second e-commerce en ce début novembre 2018, dans une autre thématique. En effet, non seulement le webmarketing est un métier en perpétuel mouvement qui nécessite de se former régulièrement, mais en plus, tellement de possibilités, de métiers, d'idées qui émergent chaque jour que Dieu fait… Il suffisait de démarrer.

C'est tout cet apprentissage que je souhaite partager avec vous afin de vous aider dans vos choix de démarrage, et vous permettre d'accélérer votre formation ou la mise en place de votre activité par des prises de décisions plus rapides et éclairées, en parfaite connaissance de cause.

Je vais donc vous présenter ma méthode M.E.T.A. afin que vous puissiez gagner du temps et être opérationnel plus rapidement.

Je tiens à préciser que toutes les personnes citées dans mon livre pour leurs formations sont des personnes que j'ai rencontrés dans mes différentes participations à des séminaires, ainsi que d'autres qui m'ont été recommandées.

Il n'y a aucune personne que j'ai prise au hasard sur YouTube car je ne perds jamais mon temps à cela. Je sais depuis le départ que je suis en bonnes mains et ne changerai pas de cap. Par contre, il y a beaucoup d'autres formateurs qui sont aussi très bien. Je ne peux pas citer tout le monde, et je ne connais pas non plus tout le monde. Je parle ici de mon environnement. Mais ce sont tous des experts que j'ai encore rencontrés à un dernier séminaire à Paris.

Méthode M.E.T.A.

« Méta : préfixe qui provient du grec μετά *(meta) (après, au-delà de, avec). Il exprime, tout à la fois, la réflexion, le changement, la succession, le fait d'aller au-delà, à côté de, entre ou avec.»*

M : Mindset (état d'esprit)

E : Emplois (ou métiers de l'infoprenariat sur le web)

T : Technique (outils et vocabulaire)

A : Argent (Comment bien le gagner).

Partie 1 :

LE MINDSET

« Prends conscience qu'il faut arrêter de se laisser porter par la vie, mais devenir enfin maître de ta destinée. »

Tony Robbins

1. Monter son projet c'est…

Un peu créer une recette de druide !
On prend un grand chaudron, et on y met ce qui sera bon pour le projet :

- une idée pour démarrer, qui fera le liant de la recette,
- du temps (beaucoup de temps quand on démarre de zéro),
- de la connaissance,
- un peu d'argent,
- de l'apprentissage.

On laisse mijoter… on goûte…
Finalement, ce n'est pas aussi bon qu'espéré. Rien de grave !
On ajoute :

- une dose de réflexion,
- une dose de recherche,
- une dose d'apprentissage,
- une dose d'analyse,
- une dose d'écoute active,

et on goûte à nouveau.

C'est déjà meilleur, mais il manque encore quelque chose.
On refait une enquête, un séminaire commercial, un brainstorming collectif, et on goûte à nouveau.

Vous l'aurez compris, c'est rarement bon du premier coup, et au final, la recette peut avoir beaucoup évolué, jusqu'à être très loin de l'idée initiale. Mais vous aurez avancé, construit, et l'essentiel est là. Vous vous êtes mis en marche vers le chemin de la réussite. Cependant, nul ne connait la longueur de ce chemin. Il peut se compter en jours, en mois, en années. Chaque projet est unique.

Mettez en place une offre globale (ne misez pas sur un seul produit), des objectifs et de la stratégie, de la stratégie webmarketing, et un budget global.

On a oublié d'ajouter un ingrédient important, voire deux : la

PATIENCE et la PERSÉVÉRANCE.

Et surtout il faudra absolument éviter l'emploi d'un autre ingrédient : **la machine à « *mais* »… qu'il faut mettre de côté une bonne fois pour toutes.**

Vous voici désormais armé pour la suite.
Maintenant…posez-vous et réfléchissez 5 minutes :

- *Qu'est-ce qui m'inspire ?*
- *Qu'est-ce qui me remplit en dehors du travail ?*
- *Quel est mon « pourquoi » ?*
- *Quelle est l'histoire que j'aimerais raconter ?*
- *En quoi puis-je aider les autres ?*

Prenez-le temps de réfléchir avant de continuer la lecture, c'est important. Sachez qu'il vous faudra travailler beaucoup, mais si vous avez un sens, un objectif, un but, vous survolerez le stress engendré. Et vous comprendrez un jour que la loi de l'attraction existe bel et bien, ainsi que le pouvoir de la gratitude quand vous commencerez à gagner de l'argent.

Notez qu'aucune réussite ne s'est faite en travaillant 35 ou 39 h par semaine. À ce stade-là, vous ne pouvez que payer vos factures, et disposer d'une petite somme pour vos vacances. Derrière chaque réussite il y a énormément de travail et… des échecs.

« L'ambition est le chemin du succès. La persévérance est le véhicule dans lequel vous arriverez.»

Bill Bradley

2. Jette ton sac de l'autre côté du mur

« Le silence est le sanctuaire de la prudence. »
Euripide

Pour avancer et trouver la recette, il va peut-être vous falloir sortir de votre zone de confort. Vous allez retourner le problème dans votre tête :

« Dois-je lâcher mon travail qui ne me plait plus ? C'est compliqué.
- *Je ne vais pas y arriver.*
- *Je n'y connais rien.*
- *Je n'ai pas d'idées.*
- *Cela ne va pas marcher.*
- *Je ne suis pas compétent.*
- *Pour qui vais-je passer ?*
- *De quel droit puis-je donner des conseils aux autres ? Je n'ai pas de diplôme dans ce domaine, juste de la pratique.*
- *Etc. »*

Nous avons tous au fond de nous une petite voix qui nous empêche parfois d'avancer.
En développement personnel, vous entendrez toujours parler de la pyramide de Maslow : c'est le socle de nos besoins, des 5 zones de confort que nous contrôlons. Il est toutefois possible de s'en lasser et d'avoir envie d'autre chose : à ce niveau vous allez sortir de votre zone de confort.

Vous ne serez pas forcément à l'aise, mais vous apprendrez, vous progresserez. Tous ceux qui ont réussi sont sortis de leur zone de confort. Sortez de votre zone de confort pour vous faire grandir et devenir meilleurs : vous prendrez confiance en vous.

Savez-vous que notre premier ennemi, c'est la peur de l'inconnu, la crainte de quitter la zone de confort sans savoir ce qui va se passer, n'avoir aucune maîtrise ?

Rassurez-vous : grâce à votre foi inébranlable, vous atteindrez votre objectif. Pour cela, il vous faudra déterminer votre plan A et l'atteindre. Surtout ne prévoyez *jamais de plan B* car vous laisseriez la possibilité à votre cerveau d'aller vers l'échec. Sortez de votre zone de confort pour atteindre le A, et vous l'atteindrez. Vous serez fier de vous et de votre réussite.

Chaque personne a des pouvoirs illimités si on y réfléchit bien. La limitation des possibles s'opère uniquement dans la tête : à trop analyser, trop réfléchir, l'individu finit par se persuader que ce n'est pas possible et se trouve paralysé par la peur. Les préjugés et pensées ou jugements négatifs empêchent de prendre la bonne décision.

Lisez pour commencer le livre de Richard BRANSON, « *Virgin, mon destin* ». Il fourmille d'idées et le point fort de l'auteur pour avancer est qu'il ne réfléchit pas trop longtemps et passe à l'action. Bien sûr il n'a pas tout réussi, mais il a avancé… Mais interrogez tous ceux qui ont réussi et demandez-leur combien de fois ils se sont plantés avant de réussir : aucun ne vous dira 0 fois !

Et surtout retenez bien ceci : IL N'Y A JAMAIS D'ÉCHEC, MAIS QUE DES CHOSES APPRISES. Vous tombez pour ramasser quelque chose sur le sol qui vous enseignera la voie pour continuer et progresser.

Ne laissez pas vos émotions vous envahir. Sachez que la peur tue l'espoir, la peur tue les rêves. Acceptez votre peur.

« *Fais-toi confiance.* »

Steve Jobs

Alors pour lutter contre la peur, il faut se jeter à l'eau, agir : PASSEZ À L'ACTION ! C'est la force du positif sur le négatif.

Qu'est-ce qui vous en empêche ? Commencez à faire la liste et notez en face les solutions… Je suis sûre que vous allez les trouver.

Et surtout n'essayez pas… mais faites ! Soit je fais, soit je ne fais pas…

« Qui veut faire quelque chose trouve un moyen,
Qui ne veut rien faire trouve un prétexte. »

Sur la plage de Spérone, j'ai jeté mon sac de l'autre côté de la rive (faute de mur)… et j'ai dû aller le chercher car je n'avais pas le choix. J'ai finalement trouvé un nouveau chemin, alors que j'ignorais totalement où j'allais. Mais une fois la décision prise, il se passe tellement de choses imprévues pour nous aider !

« Toute expérience que l'on vit dans la vie vient de 2 antithèses :
la lumière sans l'obscurité n'est pas possible. »

Darren Hardy

Il vous suffit de ramasser les signes sur votre chemin et vous verrez que vous avancerez. Si vous restez dans votre mal-être actuel, vous ne voyez pas ces signes. C'est ainsi.

Faites confiance à la vie et commencez peut-être par « *tuer la vache en vous* ».

Avant de démarrer, lisez absolument le livre de Camilo Cruz « *Il était une fois une vache* ». Éliminer les excuses et passez à l'action.

N'abandonnez pas car vous passeriez à côté de votre vie. Vous en aviez le désir, allez jusqu'au bout. Surtout pas de regrets sur votre lit de mort, l'opportunité est devant vous aujourd'hui. Si vous êtes aligné avec ce que vous aimez faire, avec votre cœur, vous irez loin. Il faut de la motivation, mais pas seulement : la persévérance est également indispensable. *Qui ne s'est pas inscrit dans une salle de sport avec la ferme motivation d'y aller 2 fois par semaine pendant une année ? Combien d'abandons ?* Le chiffre est important. C'est bien la preuve que la persévérance s'ajoute à la motivation. Alors vous irez très loin.

Commencez par analyser les passions, les réseaux sociaux sur le sujet, les tailles des communautés. Cherchez aussi des ouvrages sur le sujet sur les plateformes de ventes ainsi que les volumes de vente. Sachez qu'un passionné ne regarde pas forcément à la dépense pour sa passion. Analysez donc la dépense moyenne annuelle pour choisir une thématique.

3. Entreprendre

« Tout succès commence par une idée. »

Napoléon Hill

Si vous avez la conviction intime qu'il vous faut entreprendre quelque chose, alors vous êtes sur la bonne voie de l'entrepreneuriat. Si vous avez la volonté de réussir, de partager votre savoir, même si vous ne savez pas comment vous y prendre, vous réussirez. Avec beaucoup de discipline, de l'apprentissage, de la lecture, de la formation, vous êtes sur le chemin de la réussite. La discipline vous évitera la procrastination. Et ce livre va vous donner quelques clés pour vous organiser.

Commencez donc par écrire votre objectif en face de vous, imprégnez- vous, et visualisez-le. Projetez-vous dans ce que vous voulez : ce sera votre cap.
Ayez un tableau de visualisation sur lequel vous allez épingler vos objectifs : des phrases, des photos, des rêves et consultez-le régulièrement.

Il vous faudra trouver le bon angle d'attaque pour voir le résultat. Pour réussir, il vous faut avant tout vous entourer de personnes qui ont atteint ce que vous souhaitez atteindre. Vous apprendrez énormément à leur contact. D'ailleurs, savez-vous que vous êtes la moyenne des 5 à 6 personnes qui vous entourent ? Relisez plusieurs fois cette phrase, analysez votre entourage, mettez le curseur sur ce que vous voulez être et cherchez les 6 personnes pour élever votre niveau.
Entourez-vous de personnes positives qui vous inspirent.
Je vous montrerai plus loin comment rencontrer des personnes motivées comme vous, bâtir ou élargir votre réseau, faire partie

de groupes et trouver l'émulation pour atteindre le succès.

Il vous faudra probablement mettre de la distance avec vos amis ou votre famille qui vivent avec leurs propres peurs et les projettent sur vous. Ne les écoutez pas. Expliquez-leur que votre projet vous tient à cœur, que vous désirez sincèrement le mener jusqu'à son terme et que quoiqu'il arrive, vous en sortirez enrichi et trouverez sûrement des voies inattendues. Entourez-vous de personnes positives. Gardez des personnes qui vous apportent chacune une contribution, que ce soit de la bonne humeur, un encouragement, une aide productive.

Il faut être conscient que la plupart des individus regrettent le passé, ne vivent pas dans le présent, et redoutent le futur. Vous avouerez que c'est compliqué de les fréquenter lorsque l'on veut devenir un entrepreneur forcément doté d'une psychologie positive. Ils n'ont pas la capacité à voir plus loin que le bout de leur nez, alors qu'un entrepreneur possède une vision à long terme.

De plus, beaucoup ne voient que des problèmes (dites autour de vous que vous allez investir dans l'immobilier et vous verrez), alors que pour l'entrepreneur il n'y a pas de problèmes, mais que des solutions.
Prenez de la distance quand vous serez prêt à démarrer et passez à la diète médiatique tout aussi négative.
Peut-être aussi : arrêtez de vous mentir à vous-même… Vous trouverez toujours une bonne excuse pour ne pas démarrer…
Mais avant tout, nous allons revoir la définition de quelques mots de vocabulaire, de ces mots qui vous empêchent probablement de démarrer. Ces mots sont à bannir de votre vocabulaire dès maintenant. Vous ne les prononcez plus jamais par la suite.

a. La peur : « Je vais me « planter ».
De quoi avez-vous donc peur ? De jeter votre sac au-dessus du mur ? De l'inconnu ? Et si l'herbe était plus verte derrière ce mur, seriez-vous prêt à passer à côté ? Le mieux est d'aller vérifier puisque vous ne savez pas…

Posez-vous et réfléchissez vraiment à ceci : comment *pouvez-vous savoir que derrière le mur ce n'est pas bien ?* Impossible… C'est pourtant là votre premier réflexe. C'est normal, votre cerveau est ainsi fait : le premier instinct, c'est la méfiance, la survie.

Alors maintenant que vous savez cela, passez au-dessus du mur ! Ne vous laissez pas dominer par votre cerveau ! C'est également pour cette raison que, si vous en parlez à votre entourage, vous aurez les mêmes réponses :

« Attention ! »,
« C'est risqué »,
« Tu es bien où tu es »,
« Pourquoi changer ? ».

Mais puisque vous savez maintenant que ces conseils ou ces mises en garde constituent un réflexe primaire, le reflet de leurs propres peurs, commencez par ne plus solliciter l'avis des autres avant de passer à l'action, et… agissez ! Suivez votre instinct… *Et au pire, que se passerait-il ?* Imaginez le scénario…

Alors pour éviter le scénario catastrophe, vous allez tenter de prendre conscience et d'éliminer la plupart des risques. Vous allez passer en revue les critères suivants : temps, argent, énergie, et mettre en face des actions. Vous allez prendre des risques calculés.

Sortez de votre zone de confort, sinon il ne se passera jamais rien dans votre vie. Acceptez les responsabilités, vous éloignerez la peur car elle n'a aucune justification.

Peut-être devrez-vous différer la date de démarrage de votre projet, le temps d'économiser quelque peu sur votre quotidien pour prévoir un budget de démarrage. Commencez dès aujourd'hui à épargner 10 % de votre salaire pour votre projet. Réduisez vos dépenses superflues : une sortie au restaurant, un achat vestimentaire en moins, et voilà votre budget prêt. 3 à 6 mois suffiront pour démarrer.

b. L'échec

L'échec est simplement une opportunité de faire mieux la prochaine fois. Quand vous tombez, c'est juste pour ramasser par terre une nouveauté qui vous fera rebondir différemment. Vous continuerez d'avancer.

Retenez bien cet exemple simple : quand vous apprenez à marcher, vous tombez des dizaines de fois, et vous finissez par réussir. C'est l'apprentissage vers la réussite.

Soit vous apprenez, soit vous gagnez en expérience, la règle est immuable. Un chapitre est consacré plus loin à ce sujet.

c. Les croyances limitantes

Une croyance est une pensée dont on *pense* qu'elle constitue la vérité. Mais ce n'est absolument pas le cas.

Un exemple : notez sur une feuille votre salaire idéal. Si vous étiez plusieurs autour de la table, vous seriez surpris du résultat. Je le sais car je l'ai fait.

Pour l'un, ce sera de doubler son salaire. Pour un autre, tripler. Le suivant multiplier par 10. Pour un autre 2 000 000 € sera la rémunération idéale. Mais pourquoi se fixer une limite ? Pourquoi ne pas dire : « *Je veux gagner plusieurs millions d'euros* » ? On s'impose des limites alors qu'il n'y en a aucune.

Face à une réalité, vous avez 2 choix :

- Un choix positif : vous foncez avec un peu d'effort et la victoire n'en sera que plus belle.
- Un choix négatif : vous restez dans votre croyance limitante, dans votre zone de confort et surtout : vous observez les autres réussir à votre place… À méditer.

Dernier conseil : n'écoutez pas les autres, ils ne sont pas à votre place, ne connaissent pas vos ressources intérieures, et sont dans leurs croyances limitantes qu'ils vous transmettront forcément (en plus du cerveau reptilien). *Connaissez-vous l'histoire du concours de grenouilles ?* (Livre de Raphaëlle Giordano : « *Ta deuxième vie commence quand tu comprends que tu n'en as qu'une* ». Ce livre m'a fait beaucoup réfléchir et sûrement avancer.)

Elles doivent monter un mur à la verticale : la plupart disent *« C'est impossible »*, *« Je n'y arriverai jamais »*. Quelques-unes commencent à grimper et entendent les autres dire *« Tu n'y arriveras pas »*, beaucoup arrêtent de grimper. Et pourtant, une seule est arrivée au sommet. On se demande bien pourquoi… Elle était sourde et n'a pas entendu les autres affirmer que la chose était impossible. Donc c'était possible…

d. Le syndrome de l'imposteur

Ce terme a été inventé dans les années 1970 par 2 psychologues, Clance et Imes. Il désigne une réalité clinique : un doute maladif, empêchant de reconnaître ses propres mérites.

L'imposteur est souvent un autodidacte qui a appris par lui-même, qui possède même parfois plus de pratique qu'un universitaire, mais sans détenir ce fameux sésame qu'est le « *diplôme* ». De ce fait il a l'impression de ne pas être à sa place, de n'avoir aucune légitimité. En conséquence, ces pensées le bloquent, et l'empêchent d'avancer. Avoir connaissance de cette réalité vous aide à mieux vous en débarrasser. Fixez-vous un objectif et ne lâchez rien.

Rappelez-vous que :

- si vous avez lu entre 5 et 10 livres, vous en savez plus que 90% des personnes qui démarrent de zéro et que vous voulez aider ;
- parfois une solide expérience est préférable à un diplôme peu utilisé ;
- vous allez forcément progresser, vous former davantage encore pour apporter toujours plus de valeur aux personnes.

Et surtout n'oubliez pas de demander des retours sur ce que vous présentez. Commencez par demander une évaluation à votre entourage, vos amis, un cercle restreint de clients. Reprenez ce qui est à améliorer et vous aurez déjà forcément gagné de la confiance en vous.

4. Le bon « mindset » ou état d'esprit de l'entrepreneur

« La seule chose qu'on est sûr de ne pas réussir est celle qu'on ne tente pas. »

Paul-Emile Victor

Pour réussir, il faut penser de façon positive, faire preuve d'audace, de créativité, de curiosité, avoir l'esprit ouvert, sans se fixer de limites.

Les lois de la réussite sont :

- la vitesse
- la constance
- la confiance
- les priorités

Votre cerveau se donnera ainsi les moyens d'atteindre la réussite. Donnez-vous d'abord l'autorisation de réussir. Sinon, commencez un travail sur vous-même.
Beaucoup de personnes sont à votre disposition aujourd'hui pour vous aider sur ce thème du développement personnel. Je peux partager avec vous les coordonnées de celles que j'ai croisées sur ma route.

Important : je précise que toute personne que je nommerai n'est pas unique en son domaine. Ce sont les rencontres que la vie m'a permis de faire, notamment lors de séminaires. Elles sont très compétentes et reconnues par leurs pairs dans leur domaine.

Il faut prendre conscience de l'importance des neurosciences, des pensées sur vos actions. Vous devez absolument travailler sur votre développement personnel, dépasser vos croyances limitantes qui sont un frein, développer votre confiance en vous, et ne plus subir le syndrome de l'imposteur.

Si le sujet vous intéresse, vous pouvez lire des ouvrages concernant les neurosciences et suivre entre autres, *David*

Lefrançois, Paul Pyronnet, Yannick Alain, que j'ai eu la chance de rencontrer lors de conférences.
Pour le développement personnel, je vous recommande de suivre Franck Nicolas (*vu sur sa « tournée 110 %*) ainsi que David Laroche rencontré lors d'un séminaire (*séminaire PRA*) ; en mars 2019 je serai présente à son séminaire dédié à l'entrepreneuriat.
J'ai fait une immersion *« performance mentale fluide »* avec *Nicolas Elzeard*, coach et préparateur mental, rencontré à mon dernier séminaire.

Ce sont des séminaires pour améliorer votre leadership, pour utiliser pleinement vos talents et dépasser vos obstacles intérieurs. Si vous voulez acquérir les meilleures stratégies pour booster vos affaires, vos relations, votre dynamisme, prenez le temps de quelques jours pour gagner des semaines de productivité dans votre vie. Un autre francophone très réputé est *Martin La Tulipe.*

J'ai volontairement écrit « *J'ai eu la chance de voir* ». En fait ce n'est pas vrai : on provoque sa chance. Tout le monde a sa chance. À vous de la saisir. Mais il faut la voir…

Choisissez votre coach, il en existe plein, trouvez en fonction de vos affinités. Entreprendre, c'est sans cesse trouver de nouvelles idées, de nouvelles méthodes pour lancer des projets. Il vous faudra mettre en place des process, de la méthodologie pour avancer, seul ou en déléguant auprès de vos équipes.
Mais sachez d'abord que personne ne réussit sans travailler dur, cela n'existe pas. Il y a une grosse part de sacrifices à faire au départ.

Souvent les vendeurs de formations nous font miroiter qu'il est facile de gagner des milliers d'euros, voire des millions, grâce à Internet. Ce n'est pas vrai : oui, c'est possible, mais ce n'est pas facile. Ceux qui y parviennent le font avec beaucoup de travail. Ce n'est que dans un deuxième temps qu'il est possible d'obtenir la voiture de luxe ou le bateau de ses rêves, mais pas au début. Méfiez-vous de celui qui vous fera croire le contraire !

Comme l'affirme David Laroche : « *Si tu vas vers la vie qui t'intéresse vraiment, la souffrance a du sens. Et donc, quand on est prêt à vivre le rêve, même si les larmes coulent, ce n'est pas grave. Si les larmes ne coulent pas, cela reste un fantasme, vous n'êtes pas prêt à passer à l'action.* »

Je peux vous confirmer que j'ai eu parfois envie de pleurer : j'avais programmé mes 16 publicités Facebook, et le matin suivant, plus rien, elles avaient disparu ! Il m'a alors fallu recommencer tout le copywriting… Et parfois l'inspiration est présente, d'autres fois beaucoup moins…

Donc un conseil, car cela m'est arrivé 2 fois (un tunnel de vente avait disparu !!) : rédigez toujours votre copywriting sous Word, enregistrez-le, et allez le mettre ensuite où il faut. Peut-être un jour me remercierez-vous. Lorsque l'on réussit à venir à bout de la technique à mettre en place, l'informatique et ses mystères créent des bugs, mettant nos nerfs à mal ! Il m'est arrivé de me fabriquer des nœuds aux neurones en essayant de comprendre la mise en place du double optin. J'ai persévéré, avancé, progressé et réussi, et je ne regrette rien. Le papillon vole et ne se cogne pas contre les murs, c'est l'essentiel.

Un ami voulait s'associer avec moi après avoir constaté qu'il est possible de gagner des centaines de milliers d'euros avec Amazon FBA. Je lui répondais :
« *Ok c'est vrai, mais tu n'imagines pas le travail derrière* ». Il insistait : « *Mais non, un tel l'a fait, et ils disent qu'en une semaine on peut lancer le business. Il suffit d'acheter la formation* ». Moi j'étais réaliste, j'avais déjà appliqué. J'aime à lui répéter qu'on nous fait croire le fameux « *Y'a qu'à, faut qu'on* ». À cette époque-là, je terminais le lancement de ma marque. J'étais dans l'attente d'ouverture de ma boutique, mais avant, il me fallait vendre mon appartement. J'ai accepté de m'associer, à MES conditions, sur un autre projet porteur et moins risqué. J'étais surtout réaliste sur mes capacités et sur les siennes, à dire vrai, inexistantes en e-commerce. Il disposait en revanche d'un bon « *mindset* » car il me citait les livres qu'il avait lus, les leaders en développement personnel

qu'il suivait, et il évoluait dans le MLM (marketing relationnel), ce qui n'a techniquement rien à voir avec le e-commerce. Il voulait faire partie des 5% qui réussissent.

Au démarrage de notre collaboration, je lui ai exposé pendant une semaine les bases du e-commerce, et présenté la mise en place pas à pas de la construction du projet, du « *branding* » (la marque) et de la boutique dans les règles de l'art, surtout pour le « *petit robot Google* ».

Je peux vous affirmer qu'aujourd'hui il est entièrement d'accord avec moi. Un mois a été nécessaire pour créer notre business, et il a compris que le e-commerce n'est pas simplement une boutique en ligne qui se monte en 5 jours. Il y a tout le reste…

Je ne vous dirai pas quel est ce site, ni cette niche car il est très fréquent que les élèves en manque d'inspiration et de créativité copient leur maître sans aucun scrupule.

En choisissant de devenir entrepreneur, c'est pour du long terme. Je dirais donc ceci : inventez votre offre, faites preuve d'innovation, mettez votre touche, votre personnalité. Si vous vous lancez, c'est que vous êtes un brin créatif, et que vous devez posséder de la valeur et des ressources en vous qu'il suffit d'aller chercher. *Sachez qu'il est interdit de copier, c'est punissable par la loi.* Éventuellement vous pouvez vous inspirer mais c'est tout.

Mais comment devenir créatif ?

Sortez et lisez ! Plus vous sortirez de votre quotidien, rencontrerez des gens, irez voir des expositions, des conférences dans votre thématique, lirez plusieurs livres, plus vous verrez les idées s'aligner les unes à côté des autres. Votre cerveau va voir et entendre beaucoup d'informations. Celles-ci s'assembleront dans votre tête et vous donneront des idées. Vous constaterez qu'un problème n'a pas encore été traité sous un certain angle, que votre savoir pourrait apporter autre chose, etc. Ouvrez-vous et la créativité viendra à vous. C'est possible pour tout le monde. Il suffit juste d'éteindre la télévision et de s'intéresser à d'autres aspects plus instructifs.

Alors oui bien sûr, votre projet peut payer, mais cela passera forcément par l'effort, je me répète, mais c'est la réalité. De toute façon c'est simple : les statistiques sont toujours là pour le prouver. Sur 100 personnes qui veulent monter une boutique en e-commerce via le dropshipping (achat par le client sur le site, et livraison directement par le fabricant, comme La Redoute le fait depuis des dizaines d'années), seuls 20 arrivent au bout et durent dans le temps, ce qui représente 80 abandons.

Loin de moi le souhait de vous démoraliser mais je suis réaliste. En revanche, avec la volonté d'apprendre et de bien s'entourer, c'est tout à fait réalisable.

Connaissez-vous la loi de Pareto ? Partant du constat que 20 % des pays se partagent 80 % des richesses, M. Pareto a poussé plus loin son analyse et s'est aperçu que cette règle est très souvent applicable pour tout.

Par exemple, 20 % des tâches vous amèneront 80 % de vos résultats. 20 % de vos produits vous amèneront 80% de votre chiffre d'affaire. Sachant ceci, vous allez analyser chaque tâche et vous demander à chaque fois s'il est nécessaire d'y consacrer du temps, de garder ce client très chronophage mais qui vous rapporte peu de bénéfice, etc. Vous y gagnerez en efficacité et en productivité.

Les habitudes, les routines sont importantes pour la productivité. Si vous avez des doutes sur votre personne, sur votre crédibilité, inspirez- vous d'un mentor et modélisez. Je ne dis pas de copier ce qu'il fait ! Je dis de se mettre dans sa peau, de prendre sa stature, son phrasé. Si vous le voyez comme quelqu'un d'important, voyez-vous de la même façon. Suivez un mentor pour progresser, de préférence une personne qui a réussi. Apprenez auprès de ceux qui engrangent des résultats.

Sachez accepter la critique et vous remettre en question en permanence. À bas l'ego. Faites comme si vous ne saviez rien quand vous démarrez une formation, même sur un thème connu. Il y aura toujours quelque chose à apprendre.

Une recette de la réussite est donc la curiosité : vous avez une idée, creusez ! Vous en connaissez déjà largement dans ce domaine, alors avancez en cherchant à rencontrer des personnes dans cet état d'esprit d'entrepreneurs. Faites partie de groupes, allez à des séminaires. Quand vous vous trouvez dans un groupe de formation, n'hésitez pas à demander s'il y a des personnes au niveau local et rencontrez-vous. Lors de séminaires, ne restez pas seul dans votre coin comme on peut voir dans les rencontres de groupes d'entrepreneurs locaux. Les gens n'osent pas s'aborder. La règle d'or est d'échanger à chaque pause, de ne jamais laisser une personne seule, et d'échanger un maximum de cartes de visite. C'est terriblement efficace. *Qui sait ?* Vous y rencontrerez peut-être un futur collaborateur, associé, quelqu'un qui vous apportera des compétences. J'ai toujours gardé des contacts après chaque séminaire.

Soit vous avez une idée, un peu de connaissances mais pas suffisamment pour oser vous lancer. Ce n'est pas grave. Lisez ! Lisez ! Lisez ! Lisez au moins une dizaine de livres dans votre thématique et vous en saurez plus que 90 % des personnes. N'oubliez pas ! Et retenez également une chose : UNE IDÉE NE VAUT RIEN.
Vous êtes déçu car vous avez une super idée ? Une idée géniale qui va révolutionner le monde ? Une idée géniale indispensable ? Une idée à laquelle personne n'avait encore songé ?

Alors je vais vous décevoir. Votre idée n'est peut-être pas la seule. Sûrement même, beaucoup d'autres y ont déjà pensé. Mais c'était comme votre idée. Elle ne vaut rien.
Je vous entends me dire : « *Si, elle est géniale !* »
Je vous répondrai : « *Qu'attendez-vous donc pour la mettre en place ? Pourquoi ne l'avez-vous pas encore mise en place si elle est si géniale ?* »

Parce qu'une idée ne vaut rien… si elle n'est pas mise en action.
Et c'est cette action qui donnera la valeur à votre idée. Mais encore faudra-t-il qu'il y ait un marché… On en reparlera. Je

vous souhaite de tout cœur de mettre votre idée en action.

Et si vous attendez l'idée du siècle pour démarrer, n'oubliez pas qu'un siècle c'est long… et que l'idée ne se présentera qu'une fois… Alors, oubliez ! Suite à mon idée - un peu folle, je l'avoue et n'y connaissant rien, de mettre en place le site internet et la communication pour la marque de chaussures, le résultat a largement dépassé mes espérances.

Fais la moitié du chemin…

J'ai appris qu'on pouvait faire de la publicité sur Facebook. C'était avant le changement d'algorithmes début 2018, et les résultats ont été hallucinants : 1400 € investis dans la machine FB, pour 12.000 € de CA (en démarrant de 0 !) sur quelques mois, plus toutes les retombées en boutiques difficilement quantifiables.

Mais pour arriver à ce résultat, j'ai investi dans une formation Facebook avec un expert reconnu en francophonie : *Franck Rocca*. C'est avec lui que j'ai découvert tout le *mindset* : état d'esprit en français. C'est grâce à lui que j'ai eu l'envie de continuer, d'avancer, de progresser. Il a été mon mentor.

J'en profite pour insister sur un autre point : pour progresser, je vous ai déjà recommandé de vous former. Il vous faudra donc acheter des formations. Retenez ceci : vous ne *« dépenserez »* jamais dans une formation mais vous allez « *INVESTIR pour votre avenir* ». C'est ce que j'ai fait et ne le regretterai jamais. Cela m'a permis d'être là aujourd'hui, c'est-à-dire toujours libre de tout patron et sur la route de la réussite. Mais attention, n'achetez pas la formation pour vous rassurer, mais pour appliquer ! Ceux qui vendent leur formation ont des statistiques, et voient bien qu'une majorité des élèves ne regarde pas les formations, souvent pas jusqu'au bout. Alors quand vous entendrez « *oui mais j'ai acheté des formations et ça ne marche pas !* », « *j'ai dépensé 5000 € dans le e-commerce mais je n'ai pas de résultat* », demandez-leur d'abord s'ils ont bien regardé la formation jusqu'au bout, et s'ils l'ont bien appliquée. Vous comprendrez mieux maintenant pourquoi seuls 20 % des personnes arrivent au succès en dropshipping.

J'ai surtout appris qu'à l'avenir, ce serait bien d'être autonome sur mon site internet. Je commençais à en savoir plus que le webmaster recommandé par mon ami.

Au départ il m'avait prévenue qu'il réaliserait le site sans s'occuper du référencement car trop long et compliqué. Je n'y voyais aucun problème car je n'y connaissais rien… Mais bien sûr cela m'a mis la puce à l'oreille et j'ai commencé à potasser le sujet. Puis je lui ai demandé l'installation du pixel Facebook ou du code GTM (*« Google Tag Manager »*). J'attends toujours car il n'a jamais compris ma demande. En effet, un webmaster - l'expert qui construit le site - n'est pas webmarketeur, celui qui vend. Par conséquent, lors du choix du prestataire, il est important de vérifier ses compétences. En effet, le site doit parler 50 % au client par son design et son expérience utilisateur, et 50 % au petit robot Google et au marketing.

Forte de cette expérience, j'ai commencé à réfléchir à l'idée que j'avais eue déjà quelques années auparavant, dans ma première société, mais qui ne valait rien.

Et là, je me suis dit :

- vu les résultats obtenus sur Facebook avec les chaussures,
- vu ce que je commence à comprendre le fonctionnement d'une boutique e-commerce,
- je pourrais peut-être mettre mon idée en action.

Elle prendra de la valeur ou pas !

Mais comment savoir si je ne la mets pas en place ? Je resterai avec des regrets toute ma vie ? Et si ça cartonnait ? Et si ça ne marchait pas ?
Je progresserai forcément en découvrant et apprenant autre chose, cela me fera une expérience et je pourrai donc rebondir encore ? De toute façon, mon souhait est-il de retrouver un statut salarié ?

Non, toujours pas ! Alors…
Alors je le ferai, mais en m'entourant de compétences pour me donner la chance de réussir. Cette fois je construirai moi-même ma boutique, accompagnée d'un formateur en référencement naturel (SEO), expert local, *Patrice Jeanroy* à Saint-Raphael (www.enanti.fr).

Après une vérification de mon compte formation, j'ai pris contact avec un centre de formation qui m'a élaboré un planning sur mesure en fonction de mes compétences déjà acquises. J'ai donc enchaîné les formations Photoshop (outil indispensable pour communiquer sur le Net !), ainsi que celles sur l'e-réputation, la veille, la gestion des réseaux sociaux et le fameux SEO.

En parallèle, j'ai commencé à monter mon projet après avoir suivi des MOOC (cours en ligne) de design thinking. Cette approche développée à Stanford dans les années 80 a pour but d'appliquer la démarche d'un designer pour répondre à un problème ou à un projet d'innovation. Cette manière de réfléchir et d'innover s'appuie sur les retours d'utilisateurs.

Munie d'un crayon de bois, j'ai dessiné mes premiers croquis, réalisé des découpages dans des papiers de différentes couleurs et j'ai assemblé. Puis après un achat de tissu et l'emprunt d'une machine à coudre auprès d'une copine, je me suis mise à construire mon prototype. C'était pour moi la solution idéale pour me faire comprendre au mieux du fabricant.

Et me voici à la recherche d'un fabricant… Français ou européen, mais pas plus loin ! Je veux donner du sens à mon travail, pas seulement faire du commerce, je veux une entreprise éthique.

Comment faire pour trouver un fabricant ? C'est simple car on trouve tout chez M. Google.

Sur Europages.com figurent les listes de toutes les catégories de fabricants en Europe. Il reste à effectuer la sélection - au petit bonheur la chance, j'avoue - et à envoyer des mails. Puis à attendre qu'une entreprise soit intéressée par le projet et veuille bien répondre. Là, j'avoue que le syndrome de l'imposteur a pu planer sur ma tête. En effet, aller dénicher un maroquinier professionnel qui vous fasse confiance alors que vous êtes plus à l'aise avec les piqures et les entrecôtes relève quelque peu de la gageure.

« Fais la moitié du chemin… ».

Quelques jours d'attente, une réponse, puis une autre, et d'autres que j'attends toujours. Il s'ensuit des contacts téléphoniques en Espagne et au Portugal (fort heureusement, ils parlent français !).

Pour les raisons que je vous explique ci-dessous, j'ai opté pour un fabricant portugais avec qui le projet va se construire à distance au départ, sur la base de mes dessins et coutures et avec qui s'ouvre une relation professionnelle extraordinaire.

Les plus grands vous diront qu'il y a toujours une part de chance. Je confirme. Il y a toujours un peu de chance dans la réussite, et heureusement que l'on peut compter sur elle. Certes, il est difficile de solliciter un prêt auprès de son banquier en affirmant qu'il doit être rassuré parce que la chance sera au rendez-vous… Mais il est indispensable de compter sur elle et de ne pas perdre de vue cet aspect important.

En tout état de cause, mon premier prototype est enfin sorti et je tire mon chapeau pour le travail de ce fabricant et sa mise en œuvre à partir de mon travail d'ébauche que je qualifierais d'amateur.

Je les garde précieusement dans mon carton « *monuments historiques !* » *Mon projet ?*

Il consiste à apporter de la couleur dans le monde des sacoches d'ordinateur incroyablement triste et uniforme ! Asseyez-vous dans une gare le matin et comptez le nombre de sacoches de couleur (ce sera plus simple que de vous demander de compter les noires). Moi je suis partie du constat de mon entreprise : 700 collaborateurs, 700 sacoches noires ! *Et si on mettait de la couleur dans la vie des gens ? Des employés ?*

Mais pas seulement ! Mon objectif étant également de donner un sens à mon entreprise, je voulais trouver une fibre végétale en complément du synthétique, cuir ou nubuck.

Le Portugal étant le premier pays producteur de liège, les sacoches d'ordinateur seront donc en couleur et en liège, un matériau aussi beau que le cuir. D'où mon choix de travailler avec cette entreprise.

Il me fallait aller voir le premier prototype sur place, finalement réalisé en tissu afin de m'assurer de la qualité du travail. Direction le Portugal.

J'aimerais vous partager ici un moment dont je me souviendrai toute ma vie. Me voici donc à l'aéroport de Marseille à 20h - pas le choix vu le faible nombre de liaisons - direction Porto. Retard de l'avion. Je dois prendre une voiture de location je ne sais où à l'aéroport, mais qui ferme à minuit. Je suis arrivée à 23h 55… Pour parcourir 40 kms dans la nuit sur des routes inconnues et trouver mon hôtel. Pourvu que Google Maps parle français là-bas !! Un grand moment de stress pour une sacoche… C'est sûr que le salariat est plus confortable…

Une fois rendue sur place, j'ai été très impressionnée par la qualité. Guère étonnant puisque j'avais confié la réalisation à un maroquinier artisanal de grande valeur, qui travaille pour plusieurs grandes marques.

Comme je le dis souvent, Ma sacoche m'emmène dans des aventures que je n'aurais jamais imaginées. J'ignore où elle va me mener ; en tout cas, elle me réserve bien des surprises, plutôt agréables et riches de belles rencontres.

Nous travaillons à l'évolution du produit, ce qui donne

naissance à un second prototype, en liège cette fois : le résultat est simplement magnifique.

Dans l'avion qui me ramène en France, mon voisin entame la conversation et m'interroge sur mon activité. J'explique. Il m'assure que mon histoire est incroyable. C'est à cet instant que naît dans mon esprit l'idée de relater mon expérience par écrit afin de prouver que tout est possible.

Le temps est venu maintenant de réfléchir à l'élaboration de la collection. Je dessine différents modèles. Ma pièce à vivre se transforme en lieu de brainstorming avec ma fille ; les lièges de différentes couleurs présentent un choix beaucoup trop vaste, il va falloir se restreindre ! Ensuite je démarre la construction de mon site internet, le dépôt de la marque et la suite.

Ma marque ? J'ai rêvé à ma sacoche idéale en réalisant au préalable une étude de marché.

Cette étude de marché, des amis m'en parlent encore aujourd'hui. « *Dire que j'ai vu passer ton questionnaire sur FB, et voir où tu es aujourd'hui…* ».

J'ai simplement rédigé un questionnaire sur www.surveymonkey.com, sur les attentes des gens, sur leur sacoche idéale, où ils l'achèteraient, etc. Des questions ouvertes pour récolter le maximum d'informations, et s'ils achèteraient sur le web. Ayant eu plus de 60% de réponses positives à la dernière question, je me suis lancée… J'ai noté sur une feuille toutes les propositions pour avoir la sacoche idéale. Je l'ai dessinée en tenant compte de toutes les remarques obtenues dans les réponses récoltées. C'est donc naturellement que je l'ai appelée « *Ma sacoche mon idéal* ».

Et devinez quel est le logo ? Un papillon !

Libre comme l'air et non plus en cage. Certains marketeurs souligneront le caractère éphémère du papillon. Je leur répondrai : « *Cessons de voir le côté négatif* ». J'y vois pour ma part la liberté et j'ai la ferme volonté de l'emmener très loin… Ou bien, ce sera lui qui m'emmènera, et je me laisse porter vers ses aventures. www.masacochemonideal.fr

Ce que je veux vous démontrer suite à ce témoignage personnel, c'est que rien n'est impossible. L'essentiel est de PASSER À L'ACTION, d'aller au bout de ses rêves. *Quel est le risque, hormis d'avoir des regrets à la fin de sa vie* ?

Bien sûr se lancer, c'est prendre le risque de la déception et de l'échec. Mais si vous ne prenez pas le risque, vous aurez la déception de n'avoir rien fait ! Et là c'est sûr, vous aurez échoué… à n'avoir rien fait.

« Échouer, c'est avoir la possibilité de recommencer de manière plus intelligente. »

Henri Ford

Si vous agissez, vous prenez l'opportunité de dire oui à la vie.

Tout est dans le fameux « *MINDSET* », dans l'état d'esprit POSITIF qui vous permettra d'aller très loin… Agir, persévérer.

« Persévérance, secret de tous les triomphes. »

Victor Hugo

Parfois, j'ai l'impression que des miracles se produisent… ou que des signes apparaissent chaque jour.
Avancer, faire le premier pas… parcourir la moitié du chemin. Je vous assure que c'est une réalité. Encore une fois, n'écoutez pas les autres ! Ils vous empêcheront forcément d'avancer car ils projettent leurs peurs sur vous. Certes, leur propos n'est pas de dire que vous n'y arriverez pas. Non, non ! Il faut traduire qu'EUX, ils n'y arriveront pas. Alors, n'allez surtout pas chercher de conseils auprès d'eux. Il faut arrêter de se sentir jugé. Mais si l'on se sent jugé, serait-ce parce qu'il nous arrive de juger les autres ? Sinon cela ne nous viendrait pas à l'idée. Et pourquoi juger les autres ? Celui qui est dans l'action n'a pas le temps de juger les autres.

Avez-vous remarqué que vous êtes déjà passé à côté d'une opportunité ?

Tout cela parce que vous n'avez pas OSÉ, parce que vos fameuses croyances limitantes sont venues se mettre en travers de votre chemin. Travaillez dessus. *Pourquoi ne pas les lister quand vous en prenez conscience ?*

Par contre, « *investissez* » dans des livres de développement personnel et de neurosciences, et vous comprendrez bien des choses. Vous verrez que la seule limite, c'est le ciel !

« Viser la lune pour être sûr qu'au minimum on inira dans les étoiles ! »

Oscar Wilde

Vous y gagnerez en enrichissement, non pas tant sur le plan financier au départ - certes le porte-monnaie est important - mais en expérience, ce qui vous ouvrira d'autres portes pour d'autres projets. Dites oui à vos rêves et libérez-vous des vieilles croyances qui vous empêchent d'être vous-même.

Je vous recommanderai également de ne pas vous prendre trop au sérieux, de vous détendre. Concentrez-vous sur votre objectif et surtout N'ABANDONNEZ JAMAIS.

Gardez le sourire en toutes circonstances, et regardez où se situent vos problèmes sur l'échelle des problèmes selon les bons conseils de *Napoléon Hill* (à lire absolument !). C'est exactement ce qui se passe pour moi. Je repousse toujours et encore le salariat. J'ai maintenant plus d'un tour dans ma sacoche pour continuer d'avancer.

Si vous ne voulez pas « *échouer* » (c'est la dernière fois que j'emploie ce mot qui sera banni maintenant de votre vocabulaire !), il faut mettre des actions en place et pas n'importe comment.

Auparavant je vais vous aider à enterrer définitivement ce mot :

« *Beaucoup rêvent de succès. À mon sens, le succès ne peut être atteint qu'après une succession d'échecs et d'introspections. En fait, le succès représente 1 % de votre travail qui comporte, lui, 99 % de ce qu'on peut appeler échec »*

Soi chiro Honda.

« La première entreprise de Bill Gates fût un échec. Il persévéra et créa Microsoft. »

« Le succès est un mauvais professeur. Il pousse les gens intelligents à croire qu'ils sont infaillibles. »

Bill Gates

« Walt Disney fut renvoyé de son travail car il manquait d'imagination et n'avait pas de bonnes idées… Sans compter qu'il tenta 300 fois de déposer son dossier en banque pour avoir un prêt pour la création de Disneyland… Tout le monde lui disait d'abandonner. Il n'a jamais lâché. La 301e fois fut la bonne…»

« Croyez en vos rêves, peu importe leur impossibilité.»

Walt Disney

5. Les principales causes d'échec

Pour garder cet état d'esprit positif et mettre vos projets en application, quelques principes de base sont à respecter.
Mais sachez déjà que pour réussir, c'est 20% de compétences et 80% de stratégies.

1. Soyez organisé !

Faisons un rappel sur ce qu'est la procrastination, responsable de bien des échecs.
D'abord, qu'est-ce qui nous pousse à procrastiner ? Le manque de courage, la paresse, le manque d'audace pour passer à l'action, et le manque de confiance en soi peuvent en être la cause. Dans ce cas, il suffit de travailler sur le développement personnel comme indiqué précédemment.

La masse de travail est conséquente mais si vous avez un sens, un objectif, un but, vous survolerez le stress engendré. Vous constaterez rapidement qu'en ayant pris conscience de tout ceci, et en appliquant les conseils, vous allez évoluer et grandir. C'est obligatoire. Et vous automatiserez rapidement votre business ou vous déléguerez car l'essentiel est bien de vous permettre de dégager du temps afin de profiter de la vie, de votre famille et de vos amis.

Il vous faudra cesser d'être partout à la fois et d'écouter les médias qui diffusent tant d'informations négatives : il y a pourtant tellement de choses positives dans le monde ! *Pourquoi n'en parle-t-on jamais ?* Les médias alimentent simplement la peur dans notre cerveau reptilien qui fonctionne déjà en ce sens.

Mettez en place des priorités qui apporteront de la valeur dans vos projets. Mettez en place vos tactiques (court terme) et vos stratégies (long terme). Soyez déjà visionnaire, et restez concentré sur vos objectifs. C'est comme un virage en moto. Comme le sait tout motard, pour négocier un virage, quel que soit son niveau de difficulté, il est nécessaire de toujours fixer la sortie du virage, de regarder loin. On se fixe ainsi une trajectoire. Si vous avez le malheur de regarder devant vous, vous atterrissez dans le fossé de l'autre côté de la route (si une voiture n'arrivait pas à ce moment-là !). C'est donc très important de garder sa trajectoire, c'est pareil dans le business.

De même, lorsqu'un avion décolle, le pilote devra prendre toutes les décisions nécessaires pour suivre sa trajectoire et atterrir à destination, quelles que soient les turbulences rencontrées. En tant que chef d'entreprise, il en sera de même pour vous : vous négocierez des virages plus ou moins difficiles, vous serez confronté à des turbulences plus ou moins fortes, mais vous atteindrez l'objectif fixé, voire davantage !

Personnellement, je suis déjà bien au-delà de mes objectifs initiaux !
Fixez vos objectifs financiers en fonction de vos désirs à vous. Si 2000 € par mois vous suffisent, ce sera votre objectif. Si vous

voulez 200 000 €, c'est pareil. Écoutez votre pourquoi. Ne vous laissez pas berner par le fait qu'on peut gagner des millions sur le web. Ce n'est pas facile et pas donné à tout le monde. Donc si vous atteignez votre objectif de 2000 € par mois, je vous féliciterai de l'avoir atteint. Après, vous ferez à nouveau un bilan et déterminerez votre deuxième objectif, en fonction de tout ce que vous avez découvert, ce que vous aimez, ce que vous n'aimez pas, la vie que vous choisissez.

L'objectif est une des premières clés du succès. Passez à l'action, planifiez... et faites la moitié du chemin. Alors pour l'organisation, à vos agendas :

- soit papier,
- soit par le biais de gestionnaires de tâches en ligne tels que trello.com, ou asana.com.

Planifiez, respectez vos délais, fixez-vous des objectifs SMART ainsi que des objectifs à court, moyen et long termes.

Qu'est-ce qu'un objectif SMART ?

- S pour spécifique : l'objectif doit être précis
- M pour mesurable
- A pour atteignable
- R pour réalisable
- T pour le temps

En d'autres termes, votre objectif doit être précis et réaliste dans un temps donné.

Par exemple : je me donne pour objectif d'écrire 3 mails par jour pendant 10 jours pour planifier les boucles automatiques pour mes prospects pendant un mois.

Votre priorité ? Augmenter votre productivité ! Cela commence par supprimer toutes les notifications de messages qui viennent vous polluer sans cesse et nuisent à votre concentration. Mettez votre téléphone en mode avion quand vous êtes concentré sur un sujet. Vous verrez comme votre productivité s'améliorera en travaillant 2 heures d'affilée sans être dérangé. *Savez-vous qu'à chaque interruption, 64 secondes sont nécessaires pour retrouver le niveau de concentration initiale ?* Je vous laisse calculer l'impact d'une notification de nouveau message toutes les 3 minutes sans oublier les appels téléphoniques reçus dans l'intervalle. Un web entrepreneur a même créé un agenda spécial pour planifier ses objectifs par trimestre ! Un agenda par trimestre : terriblement puissant comme idée et efficacité ! Une autre action très efficace consiste à planifier chaque soir la journée du lendemain et à établir une liste d'actions à mener, la fameuse « *to do list* ». Testez l'application Pomodoro : 25 mn de travail et 5 mn de repos. Votre cerveau reprend de la créativité pendant cette pause.

Le fait d'écrire et de lister vos actions à mener vous permet de vous fixer un objectif à atteindre, fermant ainsi la porte à toute procrastination : tout doit être traité dans la journée. Commencez par planifier les tâches les moins plaisantes en début de matinée : une fois qu'elles auront été traitées, vous vous sentirez libéré d'un poids et vous aurez de l'enthousiasme pour traiter le reste. Vous pouvez décliner ainsi pour la semaine, le mois, le trimestre. À vous la productivité !

Maintenant vous allez segmenter votre journée :

1. Des plages professionnelles, pour travailler et être productif (on coupe le téléphone et les notifications).
2. Des plages pour lire vos mails et y répondre.
3. Des plages pour gérer vos appels téléphoniques.
4. Des plages personnelles pour prendre soin de vous, que ce soit pour une heure de sport ou une heure de série TV, ou de présence avec vos enfants, etc.

Vous verrez que votre entourage prendra très vite l'habitude de vos nouveaux horaires, du fait que vous ne décrochez pas systématiquement, et ne s'en offusquera point. Une fois un objectif atteint, passez au suivant.

2. *Prenez de (bonnes) habitudes !*

Savez-vous que plusieurs mois sont nécessaires pour vraiment changer une habitude ? Certains vous diront 3 semaines, d'autres 3 mois. Comme beaucoup, vous prenez certainement vos résolutions de la rentrée. Cette fois, vous vous jurez de vous y tenir. Et comme très souvent, cela ne fonctionne pas.

La raison est simple : un travail de prise de conscience au quotidien est nécessaire pour acquérir et mettre une nouvelle habitude en place. Il faut habituer le cerveau à ce changement. Toujours l'importance de connaître le fonctionnement du cerveau ! Un monde passionnant. Fixez une habitude à la fois, appliquez-la chaque jour, et vous verrez qu'après 2 ou 3 mois, elle deviendra automatique. N'abandonnez jamais !

Adoptez de bonnes habitudes dans l'organisation de vos journées en commençant par exemple par une activité sportive afin d'oxygéner votre cerveau et favoriser la créativité. Essayez, vous serez surpris. Je recommande à ce sujet la lecture de « *Miracle Morning* » écrit par Hal Elrod.

Adoptez ensuite de bonnes habitudes alimentaires : ce peut-être l'occasion de revoir votre hygiène de vie et votre alimentation. *Mangez- vous équilibré ? Consommez-vous suffisamment de légumes, de fruits, de vitamines et protéines ?* Je vous assure que l'extracteur de jus en hiver, quand les fruits se font plus rares, vous donne une pêche d'enfer - cela dit sans jeu de mots ! Pensez à supprimer tous les sucres rapides qui ne sont que poison pour votre organisme et ne vous apportent aucune résistance physique.
Alors vous serez d'attaque pour le travail et pour mettre en place vos nouvelles habitudes !

3. La connaissance …

Si vous écoutez votre entourage qui vous décourage avec des commentaires tels que *« tu n'y arriveras pas », « c'est compliqué », « tu n'y connais rien »,* il est évident que le doute va s'insinuer en

vous. La raison est simple : vous ne maitrisez pas suffisamment, donc vous doutez ! Dans ce cas, achetez de la connaissance et vous ne douterez plus ! Vous ne regretterez jamais et cela vous fera même gagner du temps. Il est préférable de se priver du dernier gadget à la mode, tel qu'un énième téléphone d'avant-garde, pour investir dans le savoir. On trouve toujours de l'argent pour investir dans la connaissance. Mais si vous lisez ce livre, c'est que vous avez déjà compris. Un tout petit budget, mais un premier pas. Je vous félicite.
Nombreux sont ceux qui ne veulent pas investir car aujourd'hui on trouve tout gratuitement sur YouTube.
Vous voulez mon avis ? NE FAITES PAS CELA, VOUS ÊTES DEJA PERDANT.

Vous allez passer des heures à la recherche de la bonne information et pendant ce temps, vous n'apprenez pas. Vous perdez votre temps, et le temps, c'est bien connu, c'est de l'argent.

Vous pensez avoir trouvé la bonne information, le bon You Tubeur, le bon blogueur. Vous visionnez des tutoriels vidéos. Je vous le concède : vous apprenez des choses mais sachez que vous n'aurez toujours qu'une partie des informations. Il vous manquera l'ingrédient essentiel de la recette pour réussir car s'il est vrai que beaucoup délivrent aujourd'hui beaucoup de valeur, il n'en demeure pas moins que le principal n'est jamais dit. En effet, le but est de vous attraper dans les mailles du filet et de vous inciter à acheter la formation, à prix fort.

Par exemple : pour la publicité Facebook, on vous recommande d'installer le pixel. Vous trouverez sûrement même comment l'installer. *Super, vous avez réussi à mettre le pixel sur votre site et vous ressentez quelque fierté. Et après ? Vous en faites quoi ?* Vous ne trouverez jamais une formation en détail sur un tuto YouTube gratuit qui vous fera comprendre l'utilisation du pixel dans sa globalité. Plusieurs heures de formation sont nécessaires pour cela. Voilà donc l'une des causes *d'échec* quand on vous dit que le e-commerce ne fonctionne pas. Investissez ! *Et puis d'abord, qui vous garantit la fiabilité et le professionnalisme du formateur que vous avez choisi au hasard ?*

Je vais vous expliquer comment j'ai appris.
Dès le départ, une relation m'a conseillé de me rapprocher de Franck Rocca qui est le meilleur de la publicité Facebook en francophonie. J'ai investi dans ses formations très complètes et détaillées, et je le suis encore chaque semaine en webinaire hebdomadaire pour être constamment au courant de l'actualité dans ce domaine. Franck participe aux meilleurs mastermind en marketing au monde, afin de nous tenir toujours au courant des dernières tendances. En suivant ce lien, vous pourrez bénéficier d'une offre exceptionnelle sur toutes ses formations : http://bit.ly/2RvHHCd.

Il est tellement bon que je suis « *tombée dans son tunnel de vente* » et que j'ai investi dans sa formation. Je n'ai jamais regretté.
Au détour d'un de ses webinaires (séminaires web), il nous annonce qu'il fera une présentation au séminaire B.I.O. de Maxence Rigottier à Paris et qu'il reste des places. Or, je serai à Paris à cette date pour participer au salon « Affaires de cadeaux » Porte de Versailles et y rencontrer des entreprises (encore un pari un peu fou… mais une belle retombée !). De ce fait, je m'inscris au séminaire de Maxence.

En voici les retombées : outre ce que j'ai appris, le réseau que j'ai pu constituer, j'ai pu, dès la fin du séminaire suivre sur YouTube des conférenciers tels que :

Maxence Rigottier :

- avec son club privé pour apprendre à vivre de son site internet : http://bit.ly/2P6maTR

- mais aussi gagner de l'argent avec les paris sportifs long terme : http://bit.ly/2OoidEO
- il vous coachera en direct une fois par mois.

Nina Habault à qui j'ai acheté plusieurs formations, bien expliquées pas à pas :

- vous y trouverez aussi bien une formation pour construire son blog : http://bit.ly/2QyhbrH
- ou celle sur l'affiliation http://bit.ly/2AX9ndF.

Théophile Elliet, blogueur professionnel, qui présenta dans une de ses vidéos Léo Guillot-Olsen, un pro du e-commerce à qui j'ai acheté une formation, deux personnes très influentes, compétentes et qui s'envolent vers des sommets.

Pierre Ollier sur les investissements immobiliers.

Yann Darwin rencontré lors de son séminaire in septembre 2018 avec Alexandre Roth (blog et marketing) et Alexandre Leclair (bourse).

Sébastien Cerise recommandé par les étudiants du séminaire de Maxence, qui a sorti son livre « Enfin rentier ».

David Marouani intervenu comme acteur à la fin de la soirée, et qui présenta par la suite sa formation « *Speaker pro* » pour enseigner comment s'exprimer en public pour devenir conférencier professionnel, mais aussi pour savoir parler dans les enregistrements vidéos et les webinaires.

Léo Guillot que j'ai suivi pour sa formation e-commerce.

Alec Henri, qui a créé le-consultant.fr depuis : une méthode bien ficelée pour vous aider à monter votre méthode, vous vendre en tant qu'infopreneur, apprendre le high-performance et le closing.

Mais aussi la construction d'un réseau par des belles rencontres dans le public, et voir la construction du projet de chacun pendant cette année :

- Par exemple, Alex Dambielle et son univers de coussins géniaux Delirious : www.delirious.fr

D'ailleurs en sortant de ce séminaire, j'ai revu ma stratégie e-commerce pour ma sacoche. J'ai compris que je devais changer de plateforme (j'étais alors sur Wix) pour passer sur Shopify. Depuis, il existe un équivalent en français, qui est en place depuis 10 ans mais qui explose en ce moment : il s'agit de Wizishop avec Dropizy de *Grégory Beyrouti.*

J'ai donc refait tout mon site en devant appréhender un nouveau CMS ou éditeur de site, ainsi que le thème qui habille la boutique (Fastlane). Ce n'était pas grave, mon fabricant ayant un peu de retard, je disposais de 3 semaines pour tout recommencer !

Je me suis alors abonnée à « *La Cerise* », une formation continue créée par Sébastien Cerise. Sébastien recommande de suivre des excellents copywriters français au quotidien : Gregory Lagrange de Life Stylers et Jérémy Allard avec son « *Parasite* ». Depuis je lis aussi Fabien Bonneau. Bien sûr j'achète régulièrement leurs formations pour progresser en copywriting (j'y reviens plus loin dans les métiers du copywriting). Je vous assure que les formations et la lecture quotidienne de leurs mails, voire le fait de les recopier à la main, aident à progresser à une vitesse incroyable. Stanislas Leloup recommande de recopier une lettre de grand copywriter par jour pendant 3 mois, Jérémy Allard vous conseille une par soir pendant un an… Lisez et travaillez « the Boron Letters » de Gary Halbert.

Je pourrais encore enchaîner en parlant des auto-répondeurs, des plateformes pour les tunnels de vente. J'ai donc investi sur la bonne personne dès le départ, et le il se déroule automatiquement, toujours sur le bon chemin, avec de bons conseillers. Il est impossible d'aller à l'échec dans ce cas.

J'insiste : ne faites pas n'importe quoi ! N'essayez pas d'économiser quelques euros sous couvert que l'on trouve tout gratuit sur YouTube ; vous en perdrez beaucoup plus ou vous n'irez pas au bout de votre projet car vous n'aurez pas les bonnes compétences. Le gratuit ne veut pas dire complet. Il ne faut jamais oublier qu'avant l'arrivée du web, pour démarrer une entreprise, il fallait toujours investir de l'argent. On croit à tort qu'aujourd'hui avec le Net tout est gratuit.

Vous choisissez de devenir entrepreneur. Vous êtes chef d'entreprise. Vous allez construire un vrai business sur le long terme. Vous allez même certainement déléguer ou embaucher. Vous ne pouvez pas devenir chef d'entreprise sans investir un peu d'argent.

L'avantage du Net ? Il vous permet de vous réorienter tout au long de votre vie même si vous n'avez pas suivi les études qu'il fallait. C'est tout. Donc bien sûr, il faut repasser par la case formation, connaissance, livres, séminaires, etc. Formez-vous pour surmonter les problèmes techniques ou autres. Vous verrez que vous irez à la réussite. *Vous savez pourquoi ?* Parce que vous ne serez pas seuls !

Si je vous recommande des formateurs, je ne vous donnerai pas de conseils sur ce qu'il y a de mieux pour vous : chaque coach est différent, tout dépend d'abord de vos affinités. Je suis là pour vous orienter vers des personnes très compétentes, c'est tout.

Vous pouvez également acquérir de la connaissance avec des plateformes pas cher :
https://latutotheque.fr/
https://www.udemy.com/
https://www.masterclass.com/

4. La solitude

Vous aurez sans doute compris que tout seul, c'est difficile. Il vous faudra apprendre à travailler en autonomie si vous ne l'avez jamais fait. Retenez ceci, vous l'entendrez souvent :
« Seul on va plus vite, ensemble on va plus loin. »

Vous démarrez, vous vous sentez un peu seul. J'espère qu'avec l'aide de ce livre, vous vous sentirez déjà moins seul. Vous avez LES clés de démarrage. Sachez qu'à chaque fois que vous investirez dans une formation, vous ferez partie d'un groupe d'entraide dans lequel vous pourrez poser vos questions, et, pourquoi pas, rencontrer des entrepreneurs évoluant dans votre secteur d'activité. Ou géographiquement. Proposez de vous rencontrer. C'est ce qui se produit dans mon secteur : on s'entraide en fonction des connaissances et du parcours de chacun.

Participez à des séminaires, vous verrez que ce sont des lieux où les échanges sont très faciles. Chacun vient pour se présenter aux autres, échanger les cartes de visite pendant les temps de pause, trouver des ressources et, pourquoi pas, des associations pour de futurs projets ! Il peut être plus judicieux de s'associer 50-50 pour gagner 100 plutôt que d'être seul à 100 % et gagner 0. Sortez de chez vous.

Le problème du webmarketing, c'est que vous êtes seul devant votre ordinateur avec vos problèmes techniques. Vous ne sortez pas de chez vous, vous ne rencontrez personne. Beaucoup d'entrepreneurs souffrent de cette difficulté dans la solitude. Ouvrez-vous pour ne pas « *craquer* ». Intégrez des réseaux (networking). Si vous ne savez pas où les trouver, rapprochez-vous de votre Chambre de Commerce locale. Allez travailler dans un espace de co-working.

Ces réseaux sont tellement enrichissants intellectuellement. Vous ne perdrez jamais de temps, au contraire. Vous apprendrez toujours quelque chose, vous trouverez de nouvelles idées pour votre business, de nouveaux partenariats, et vous éviterez de faire fausse route !

Parfois vous stagnerez dans votre business, vous sentant un peu perdu, surtout si vous êtes infopreneur (vente de formation sur internet). Vous ne savez plus par quel bout avancer. Vous vous perdez dans des détails qui n'ont aucune importance et vous empêchent de démarrer. La peur de la technique à venir après avoir écrit votre formation vous pousse inconsciemment à procrastiner la mise en action. Si vous passez 5 jours sur votre logo, c'est que vous avez peur d'avancer... Faites alors partie d'un groupe d'entrepreneurs, c'est l'occasion de prendre un petit coup de pied au c** pour la motivation et avancer, toujours dans la bienveillance bien évidemment, l'entraide et le partage.

5. Manque d'étude de votre marché

Il faut connaitre 3 points essentiels :

a. Quel est votre marché, quels sont ses besoins ?

Pour « ma_sacoche(mon-ideal) », j'ai réalisé une enquête sur Survey Monkey (www.surveymonkey.com). Le but de l'enquête est de récupérer des données. Il faut donc poser un maximum de questions ouvertes. C'est grâce à ce questionnaire que mes sacoches contiennent une petite poche avec zipper afin de pouvoir y glisser différents types de clé USB, et de nombreux rangements avec chacun leur utilité. C'est grâce à cette enquête et l'analyse de ces résultats que j'ai décidé de me lancer.

Ai-je bien fait ? Je dirais que cela ne suffit pas pour tout maitriser. Il y a toujours des impondérables. Mais l'essentiel est là. On en reparlera.

Un autre point important : « *Ne pas confondre ce que VOUS pensez et ce que pense LE PROSPECT.* »

Vous pensez qu'il y a un besoin quelque part. C'est votre vision. Et c'est là que beaucoup se trompent. *Votre produit répond-il vraiment à un besoin ou à un problème majeur sur le marché ? Dans la vie des gens ?*

Pour le trouver, vous devez penser à trouver votre niche et le désir ultime de votre prospect : vous devez aider votre prospect à réaliser son désir. Par exemple, j'aide les fumeurs à arrêter le tabac grâce à l'hypnose.

« Ne cherchez pas des clients pour vos produits mais cherchez des produits pour vos clients .»

Seth Godin, marketeur américain

Mettre de la couleur dans le monde des sacoches est une idée géniale, tout le monde est d'accord sur ce point. Mon étude de marché me l'a prouvé. Les personnes interrogées étaient engagées, positives, et ont suggéré un grand nombres d'idées de rangement, ce dont j'ai tenu compte !

Néanmoins, cela répond-il à une problématique ? Oui et non.
Oui, car il est vrai que vous ne savez pas où trouver de la couleur dans ce domaine, ni où vous procurer une jolie sacoche, à l'exception d'Amazon, Darty ou la Fnac, ou quelques maroquiniers (qui ne proposent que des produits sombres, toujours et encore). Je réponds donc là à un problème.

Non, car tout le monde s'accommode de sacoches noires. Donc il n'y avait pas de réel besoin.

Si en plus j'apporte une matière innovante… Déjà que changer de couleur est compliqué, alors innover en plus… C'est plus simple de ressembler à son voisin que de se différencier. *Le consommateur serait-il toujours un mouton ?* Moi, j'aime les brebis égarées, colorées, uniques qui sortent du lot !

Vous voyez la difficulté de l'analyse de l'étude de marché.
Les personnes qui voient et touchent mes produits, sont convaincues de la qualité et de la beauté du produit. Elles sont séduites par le toucher et la douceur du liège. Elles achètent. Mon produit est vraiment beau, sa qualité exceptionnelle. Les irrégularités visuelles du liège lui donnent du reflet, rendent la matière vivante, et le travail du liège collé sur un tissu lui donne toute sa souplesse et sa solidité… et quelle douceur ! Plus doux et aussi solide que le cuir.

Je vends aussi sur Internet. Mais Internet ne fait pas tout : on ne peut pas toucher… et je dirais que c'est tant mieux pour le petit commerce. De nombreuses personnes me disent qu'on ne se rend pas compte du liège sur le web, qu'ils aimeraient toucher.

De ce fait, j'ai ouvert ma boutique à Lyon afin de satisfaire le plus grand nombre. Quand je disais ignorer où m'emmènera ma sacoche ! Peu importe, elle m'emmène…

Cela prouve qu'entre la trajectoire et l'objectif fixé au départ, l'arrivée peut être complètement différente. Ce n'est pas grave, personne ne sait à l'avance. Il suffit juste de s'adapter : on fait un bilan, et on fixe une nouvelle stratégie. C'est là le rôle du chef d'entreprise. C'est celui que vous voulez endosser.

Pour étudier votre marché, l'INSEE met à votre disposition un grand nombre de statistiques et d'études de référence, gratuitement. N'hésitez pas à le consulter, ainsi que le site www.sirene.fr qui permet de créer en ligne des fichiers comprenant au maximum 100.000 établissements.
www.sirene.fr
www.insee.fr

b. Quel est votre positionnement ?

Ne craignez pas la concurrence. Si elle existe, c'est parce que le marché existe. Imaginez le nombre de concurrents que je peux obtenir en tapant le mot « *sacoche* »… Je ne suis pas prête alors d'arriver en tête sur Google ! Je suis précédée de tous les Darty, Fnac, Boulanger, maroquiniers de marque qui ne lésinent pas sur les budgets d'annonce. (Par contre, tapez juste « *ma sacoche* » et hop, j'arrive).

Tout ceci, c'est ce que l'on appelle l'océan rouge : celui où tout le monde vogue, celui où tout le monde se ressemble. Alors, pour vous démarquer il vous faut aller vers l'**océan bleu** : celui qui vous rend si particulier…. Distinguez-vous de la concurrence, apportez votre touche.

C'est ce que j'ai fait avec mes sacoches de couleur et en liège. Je vogue sur l'océan bleu. Attention de trouver le juste milieu ! À moi de me faire connaître maintenant et de sortir un peu plus les rames au départ… Mais quelle joie quand le public est content de vous avoir trouvé ! De toute façon je ne pourrai jamais fournir 1.000.000 de sacoches ! Il faut que mes clients restent uniques avec leur sacoche…

c. Qui est votre « avatar » ou « persona » ?

Ah l'avatar client ! Vous n'avez pas fini d'en entendre parler. Alors retenez bien ce nom. *À qui s'adresse votre produit ?* Il ne sert à rien de communiquer et de faire des publicités si vous n'avez pas une idée précise de la personne à qui vous vous adressez. C'est comme si vous preniez vos billets d'euros pour les mettre directement dans la poubelle.

NE DÉMARREZ JAMAIS UNE PUBLICITÉ SANS AVOIR DÉFINI VOTRE AVATAR.

Comment doit-on le définir ?

C'est simple : commencez par définir son genre (Homme/Femme), lui donner un prénom (eh oui !), un âge, et lister toutes ses habitudes du lever jusqu'au coucher. C'est très important pour définir ses centres d'intérêt et pouvoir affiner le ciblage publicitaire. Vous pouvez bien sûr avoir plusieurs avatars. Par exemple, un de mes avatars :

- l'homme d'affaires BCBG : il s'appelle Paul, il a 42 ans, il travaille dans le quartier de la Défense et voyage beaucoup. Il se lève un peu avant sa famille, afin de pouvoir regarder les infos du matin tranquillement. Il aime bien s'habiller et avoir du style. (Avec mes sacoches en liège de couleur, il sera unique !). Il aime écouter Europe 1 et lit la newsletter de Libé. Il fait un petit tour sur les réseaux sociaux, surtout Linkedin, et un peu Facebook (c'est là que j'irai le toucher). Puis il réveille ses enfants. Le matin c'est lui qui s'en occupe quand il n'est pas en déplacement. Il les emmène à l'école et au collège et aime acheter le journal L'Équipe au retour au kiosque du coin. Il va ensuite chercher son scooter pour se rendre au bureau, et y glisse son ordinateur dans le top case. (Cela tombe bien, j'ai un modèle avec des poignées rétractables qui pourrait très bien lui convenir).

Et voilà, vous continuez ainsi de dérouler tout le reste de sa journée, et vous saurez comment communiquer auprès de lui. C'est ce qu'on appelle un bon ciblage. Vous apprendrez dans vos formations comment réaliser ce ciblage détaillé. *Vous comprenez ainsi l'importance des formations ?*

6. La précipitation

Attention : si vous n'avez pas de résultats, il ne faut pas se lasser ni abandonner. N'ABANDONNE JAMAIS.

Il vous faut plutôt analyser les résultats, faire appel à des conseils auprès de professionnels pour voir ce qui ne va pas et rectifier la stratégie. Ne dites plus jamais « *Si j'y arrive* » mais *« Quand j'y arriverai »*. Et surtout, amusez-vous, et ne vous prenez pas au sérieux.

Ne pas oublier de vivre, et accessoirement de travailler. Quand le travail devient plaisir, la définition de la vie n'est plus la même. *Et d'abord, pourquoi ne travailler que 35 h dans une semaine ? Qui a dit que vous devez arrêter de travailler le samedi et le dimanche ?* Gérez votre temps selon votre humeur, vos envies, et si vous voulez bosser 15h par jour pendant 6 mois pour vivre mieux ensuite, faites-le ! Comme dirait Maxence Rigottier, moi je suis en « mode petit chinois » depuis un certain temps…
Si après la lecture de tout ceci, vous êtes encore avec moi, alors nous passons maintenant à l'essentiel : *quels métiers vais-je découvrir avant de me lancer, surtout si je n'ai pas trop d'idées ?*

Et quand vous aurez votre idée, vous allez pouvoir passer à la réalisation. Pour mieux comprendre vos formations, nous allons découvrir ensemble

- le vocabulaire que vous allez rencontrer,
- les outils que vous allez utiliser, leur fonction et les choix qui s'offrent actuellement à vous sur le marché.

« Beaucoup pourraient aller au paradis avec la moitié du travail qu'ils font pour aller en enfer.»

Ben Johnson

Un des avantages des métiers du web, c'est la liberté. Liberté de travailler où vous voulez.

C'est drôle car je suis dans un TGV et ma voisine vient de poser son livre :

« *Lâche ton trapèze et attrape le suivant ! Bien réussir les transitions de la vie* »… À ajouter dans la liste de livres à parcourir !

Un jour vous vous direz : « *Je suis fier de moi car j'ai tout donné pour vivre ce qui m'inspire.* »

David Laroche

Si vous voulez travailler votre mental d'acier, j'ai croisé 2 coachs exceptionnels sur ma route :

- **Nicolas Elzeard** : Immersion Perf mentale
- **Franck Maes** : Iron Mind

Vous pouvez faire des séminaires ou stages avec les 2.

Partie 2 :

LES EMPLOIS

Je vais vous parler maintenant des différents métiers découverts lors de mon voyage dans le webmarketing.
Je vous rappelle que je n'avais aucune idée de métier à venir lorsque j'ai démissionné. Lors de tout ce chemin parcouru, j'ai découvert énormément de choses, tant de métiers. Et autour de moi, je vois beaucoup de personnes qui ne sont pas heureuses dans leur métier, dans leur vie. J'ai suggéré à plusieurs ami(e)s qui se plaignaient, en fonction de leur compétence, de se réorienter sur divers métiers découverts.

Un ami informaticien mis à la retraite anticipée n'avait pas envie de rester inactif. Je lui ai suggéré de vendre ses compétences sur des plateformes dédiées.
Une autre amie qui ouvre son cabinet spécialisé dans la psychologie au travail, je lui propose de faire un site internet vitrine, et pourquoi pas réfléchir à une formation qu'elle pourrait vendre en automatique via un tunnel de vente. Puisqu'elle amène une solution à un problème.
Une autre amie spécialisée dans la diététique et le sport, avait un ras le bol de son travail, je lui ai également conseillé de vendre ses compétences sur le web car ses services résolvent un problème précis.

De là, je me suis dit : au vu de ce que je sais, il faudrait vraiment que j'en fasse profiter beaucoup plus de monde. Etant donné que les conseillères d'orientations ne vous le diront pas toujours, de même que le Pôle Emploi, les cabinets de recrutement, et encore moins votre patron.
J'aurais tant aimé que l'on me propose toutes ces idées avant de me lancer dans la création de ma marque. Mais aujourd'hui je suis fière de ce que j'ai fait et je ne regrette rien. Du coup, je me dis qu'il serait intéressant d'aller intervenir dans les organismes de reclassement professionnel pour aller faire des ateliers-découvertes. Certainement une piste que je vais mettre en place.

Un ami qui donne des cours dans une école de commerce me dit qu'un jeune sur 2 veut être entrepreneur par la suite, mais il ne sait pas à quoi s'attendre, ni forcément quoi faire. J'ai proposé de peut-être intervenir une fois pour leur faire un point sur tout ça. J'aimerais aider et ouvrir les yeux sur ces possibilités.

Lors du salon SME à Paris (salon des entrepreneurs), j'ai discuté avec Google qui sensibilise également auprès des jeunes pour faire connaître tous leurs métiers. Si cela vous intéresse…
Je pense que je suis plus passionnée par le fait d'aider les autres et transmettre, que par le marketing seul. Mettre des projets en place, déléguer, transmettre le savoir, échanger avec des créateurs, c'est tout ceci qui m'anime. Vous pouvez constater que c'est loin de mon projet initial, mais après avoir parcouru la moitié du chemin, je verrai où ma sacoche continuera de m'emmener.

Je vais donc reprendre mon cheminement pour vous décrire tous les métiers auxquels j'ai dû faire face, et bien souvent apprendre les compétences.

Se lancer sur le net, cela peut représenter facilement 10 métiers en un. Je vous rappelle que j'ai des compétences dans le paramédical et la restauration, (soit faire des piqures et vendre des entrecôtes !) et un petit peu de vente. En fait j'ai été formée à la vente dans mon entreprise et tant que déléguée commerciale. Je maitrisais le SONCAS, je pensais connaître les ficelles de la vente. Je pourrais dire aujourd'hui à mon ex patron : rembauche- moi comme commerciale car j'ai appris toutes les techniques de persuasion. J'ai pu utiliser mes heures de formation acquises et apprendre Photoshop, le référencement naturel, l'e-réputation, les réseaux sociaux, le copywriting.

Ce que j'ai fait, tout le monde peut donc le faire. Il suffit de… beaucoup d'heures, d'organisation, de patience et persévérance ! Mais les journées n'ont que 24 heures… Alors si vous êtes pressés, il vous faudra un peu de budget pour déléguer certaines tâches. Et sachez que, si certaines tâches vous rebutent, ou que vous n'y arrivez pas, il y a des moyens magiques d'y arriver sans le faire, et vous créez des emplois en plus. C'est de tout ça dont je veux vous parler.

Soit vous vous lancez dans le e-commerce, ou dans l'infopreneuriat, mais vous aurez besoin de connaitre le copywriting, puis faire de la publicité payante sur Facebook et ramener aussi du trafic gratuit via le SEO ou le growth hacking. Dans l'idéal il faudrait faire des vidéos qui vendent mieux, et savoir- faire de belles photos selon les critères du web. Et si vous êtes e-commerçant il vous faudra créer votre site et son design, et maitriser une plateforme d'hébergement. Vous avez compris que vous pouvez vous spécialiser dans tous ces domaines. Il y a largement de quoi faire, vu que le commerce en ligne se développe de plus en plus et les infopreneurs aussi. Donc si vous n'avez pas d'idée pour créer un produit, choisissez un de ces métiers…

Affiliation : Un moyen simple pour se lancer sur le web quand on débute, et découvrir le marketing. Vous allez vendre les produits des autres par affiliation. Vous gagnez des revenus sur chaque vente, voire même des revenus récurrents.

Blogueur : Bloguer ce n'est pas que raconter sa vie. C'est aider les autres à résoudre leurs problèmes grâce à votre expérience, à votre contenu. Vous pouvez gagner votre vie avec votre blog. Il vous faudra vous former, maitriser des outils et techniques. Vous pouvez monétiser votre blog. Vous devrez faire du bon rédactionnel. Si vous voulez passer pro, n'hésitez pas à investir dans une formation. Les blogueurs suivants, je les ai tous rencontrés lors de séminaires.
Olivier Roland : « *Tout le monde n'a pas eu la chance de rater ses études* » *Théophile Elliet*, https://bloginluent.fr

Aurélien Amacker « Vivre sa vie avec son blog » http://bit.ly/2Dix56C
Thomas Granell Minstep : thomasgranell.com

Et si vous faites aussi des vidéos, vous deviendrez Youtubers en plus !

Coach et consultants : Voir la rubrique infopreneurs.

Conférencier : Voilà un métier que je trouve passionnant. Vous êtes déjà expert, ou formateur, ou coach, ou thérapeute, vous aimeriez inspirer votre public, l'impacter avec votre message. Soit vous êtes en reconversion professionnelle, vous voulez un revenu complémentaire, ou pourquoi pas en faire votre métier. Vous aimeriez intervenir dans des entreprises, ou des évènements. Mais vous n'êtes peut-être pas assez à l'aise en public. Pas de soucis ! Allez au bout de vos rêves : pour cela, il est conseillé d'apprendre le métier afin de maitriser votre discours, d'avoir la bonne posture, de captiver votre public pour que l'on se souvienne de vous, les organisateurs aussi.

J'ai eu la chance de rencontrer ces 2 experts en formation :

- **Christine Morlet**, lors de conférences keynotes à Nice, 1ère française certifiée SCP par les États-Unis, spécialiste de l'influence positive.
- **David Marouani** lors du séminaire de Maxence Rigottier, comédien et conférencier.

Si vous n'avez pas l'intention de faire de conférence, mais que vous voulez être à l'aise dans vos vidéos, dans vos lives, leur formation est aussi fortement recommandée.
Je suis passée par là, car il est difficile pour moi de parler en face d'une caméra. Je me suis formée auprès de David, simplement génial. Je sais maintenant aller chercher le son de ma voix dans mon ventre… Cela fait toute la différence !

Copywriting ou le rédactionnel : Le copywriting c'est l'art d'écrire… avec les techniques de persuasion. C'est aussi l'art de vendre sans vendre. Si vous aimez les mots, la langue française, et que vous êtes prêt à vous former aux techniques de persuasion, à apprendre comment fonctionne notre cerveau, ne cherchez pas plus loin ! Une fois que vous maîtrisez, le copywriting est un vrai régal. Exit les photos et les grosses promotions dans les mails, place à l'écriture et aux histoires ! Captez votre auditoire. Mais si vous voulez la perfection, alors allez dès maintenant vous inscrire à la newsletter de copywriters que je lis chaque matin avec beaucoup d'attention. Le mieux serait d'écrire une lettre par jour pour commencer, pendant 3 mois. La logique va se mettre en place naturellement dans votre cerveau et vous deviendrez opérationnel.

Voici ceux qui m'inspirent chaque matin avant ou pendant le petit déjeuner :

- **Grégory Lagrange** : Grégory, grand copywriter, le breton grand voyageur, me fait souvent rire avec ses expressions qu'il va chercher je ne sais où. Mais à part cela, un mail par jour toujours intéressant à analyser et décrypter et toujours des conseils à prendre. Vous pouvez vous abonner à sa MMS business school avec une formation mensuelle, ou acheter des formations ponctuelles. http://www.lifestylers.fr
- **Jérémy Allard** : le nordiste, homme à tout faire, du plâtre à la couture (si, si !), excellent copywriter. Une newsletter quotidienne toujours intéressante. Je vous promets que c'est possible de lire un mail par jour quand il apporte de la valeur. Je suis abonnée au Parasite, petit journal trimestriel, envoyé par la poste par Lucie, sa femme, avec une adresse magnifiquement calligraphiée et toujours un petit mot manuscrit. Mine de rien, cela fait plaisir. Des tas d'astuces pratiques pour augmenter votre référencement naturel ou techniques de ventes dans le parasite. Grand spécialiste du SEO. http://bit.ly/2OjGKus
- **Fabien Bonneau** : le nantais, un peu tête en l'air (c'est lui qui le dit), mais plein d'humour, qui veut tout expérimenter dans la vie, jusqu'à l'ironman ! Mais il ne manque jamais d'envoyer son mail chaque jour, dimanche compris. N'hésitez pas à

prendre un rendez-vous de coaching par skype pour présenter votre problématique, ou commander son petit condensé du marketing qui vous donnera toutes les bases du marketing. Il se lit en 7 minutes et il est très bien fait : http://bit.ly/2FcLBOL

- **Stanislas Leloup**, excellent copywriter qui décortique la persuasion au niveau du cerveau. Écoutez ses podcasts, et regardez ses vidéos Youtube. Il est passionnant à écouter.

Pourquoi plusieurs ? Parce que chacun leur style, chacun leurs bons conseils… et leurs bonnes formations. Autant que je vous prévienne tout de suite : ils sont si bons, qu'il faut se faire violence pour ne pas acheter toutes leurs formations ! Mais vous succomberez comme moi de temps en temps, vous avancerez, et vous vous régalerez. Vous trouverez différents formats : magazines, audios, vidéos, abonnement ou pas, vous choisirez ce qui vous conviendra le mieux.

Le plus : c'est un métier encore rare, il y a beaucoup de demandes et peu de bons copywriters. Vous verrez vos tarifs s'envoler car vous ne pourrez pas répondre à toute la demande. C'est quand je me suis formée au copywriting que je me suis dit : « *Mais pourquoi ne le savais-je pas plus tôt ? Je me serais peut-être formée juste dans ce domaine !* ». Et de là l'envie de vous communiquer impérativement tous ces métiers. Vous ne pourrez pas dire que vous ne saviez pas. Et je peux constater que je m'amuse avec du résultat, car j'ai des taux d'ouverture de mail entre 45 et 70 %, le plus souvent dans les 60 %, alors qu'une très bonne moyenne c'est 25 %.
Le copywriter rédige pour vendre, avec des compétences marketing.

Le rédacteur web rédige plus des articles, avec compétences SEO.
Vous pourrez donc rédiger :

- des articles de blog

- des instants articles, articles sponsorisés : créer un article d'environ 600 mots que vous allez publier sur un autre site dans votre thématique pour bénéficier du trafic d'un site et le ramener sur le vôtre. Du coup vous créerez un backlink qui vous aidera dans le référencement. Vous pouvez donc créer à la demande ces articles rédactionnels dans différentes thématiques.
- des fiches produits pour les sites e-commerce
- des tunnels de vente
- des ebooks

Ou plus simplement :

- faire des relectures et corrections de texte
- des mises en page
- des courriers, CV, etc.

Vous pouvez démarrer pour vous faire connaître sur les plateformes telles que 5euros.com ou autre, en attendant de vous faire votre clientèle. Commencez par rédiger des fiches produits et vous évoluerez vers la newsletter. Vous pouvez également communiquer sur les réseaux sociaux pour vous faire connaître. Pour rédiger les fiches produits, je vous recommande de vous intéresser un minimum au référencement naturel.

Mais pour bien réussir dans ce domaine, il vous faut absolument lire tous les livres sur la persuasion, le marketing, et les neurosciences adaptées au marketing. Un monde passionnant. Si vous lisez facilement l'anglais c'est un plus car les meilleurs sont américains, et tous les livres ne sont pas encore traduits.

Jérémy Allard vous conseillerait en premier : Gary Halbert et Gary Bencivenga (en anglais…). Envoyez un mail à Jérémy et il vous donnera les liens vers ces fameuses lettres à ré-écrire chaque jour… http://bit.ly/2OjGKus

E-commerce : Faire de la vente en ligne via un CMS, outil qui permet d'héberger votre site et vendre. Dans le e-commerce vous trouverez 3 méthodes :

- **La vente via votre marque** : comme je l'ai fait avec « ma_ sacoche (mon-ideal) » : un site à votre nom, et vous créez vos produits avec votre propre stock. Vos produits sont uniques.
- **La vente via le nom de votre enseigne** : vous êtes revendeur de différents produits, vous avez investi dans vos propres stocks, vous vous occupez de l'envoi ou vous le déléguez à Amazon FBA.
- **La vente en dropshipping** : vous créez votre site et votre marque. Vous importez des produits de fournisseurs directement sur votre site, le client commande chez vous, et c'est le fournisseur qui l'envoie directement au client final. C'est ce que font « *la Redoute* » ou les « *3 Suisses* » depuis de nombreuses années. Vous n'avez pas de stock à avancer. Il faut bien comprendre que le Dropshipping n'est pas rentable sur le long terme car la rentabilité est faible, et les délais longs. Il vous faudra vite évoluer sur le vrai métier d'e-commerçant en créant votre marque et en achetant vous-même vos stocks pour pérenniser votre boutique.

Pour la construction de votre site, soit vous passez par un webdesigner, soit vous pouvez le créer par vous-même sur certaines plateformes telles que Shopify, Woocommerce (Wordpress) ou Dropizy. Pour Prestashop, il vaut mieux avoir quelques connaissances en codage ou vous appuyer sur un professionnel. Wix est plus adapté à des blogs ou sites vitrines, même si on peut aussi faire un peu de e-commerce.

Pour le e-commerce, vous faites de la publicité payante pour vous faire connaître, par des régies telles que Google, Facebook, Instagram, Messenger, Snapchat. Attention de bien maitriser car le coût n'est pas anodin et a tendance à augmenter. J'aime à répéter que l'on dénigre souvent le commerce physique car il y a un loyer à payer, mais il ne faut pas. Le loyer est sûrement moins cher que la publicité payante, qui approche du ratio 1/3 sur un produit. C'est pour cela que je me lance dans l'aventure de la boutique physique, mais sous un concept un peu particulier : mettre ma marque de sacoche en avant, et compléter avec la mise en avant de créateurs dont j'ai découvert tout un monde passionnant, de personnes créatrices, originales, motivées. Mettre la création française en avant avec moi, puisque je suis aussi créatrice. Donner un sens à mon travail, mon commerce, ma vie. Vous pouvez aussi faire de la publicité gratuite via le référencement naturel de Google, des publications sur les réseaux sociaux, des articles de blog et d'autres méthodes que l'on regroupe sous le nom de Growth Hacking. Si créer sa marque peut être rentable à condition de bien se faire connaître, faire du dropshipping est plus délicat. Nombreux sont ceux qui font de gros chiffres d'affaires et ne sont pas rentables. Vu qu'il y a un effet de mode sur ce secteur, faites très attention quand vous entendez que vous pouvez gagner facilement 1000 € par jour, soit 30.000 € par mois : calculez bien votre bénéfice ! Entre l'achat de votre produit, les frais de port à votre charge le plus souvent, la TVA, les frais de douane, la commission de votre hébergeur de site, la commission de votre plateforme de paiement, vos frais publicitaires, nombreux sont ceux qui sont en négatif. Faites bien vos comptes de très près. Attention au miroir aux alouettes ! Pensez « marge ».

Faire du e-commerce, ce n'est pas que de l'achat et de la revente. C'est un métier entier, qui vous demandera de vous investir et créer une relation avec votre clientèle. Pour cela il vous faudra mettre en place un back-end (suivi arrière des ventes), par l'intermédiaire de votre auto-répondeur et l'envoi de mails automatiques, avec du contenu de valeur, et d'offres promotionnelles. Et bien sûr, être présent pour répondre à toutes les questions de vos clients. Vous ne faites pas du dropshipping, vous êtes avant tout e-commerçant.

Vous n'êtes pas seulement e-commerçant, vous êtes avant tout un entrepreneur indépendant, responsable de développer sa société proprement, dans le but de la revendre un jour. Au plus votre fichier client sera propre, et votre rentabilité bonne, au plus votre entreprise prendra de la valeur.

Ne prenez pas votre job à la légère, dans le but de ne faire que de l'argent, comme on vous le fait croire, cela ne fonctionnera pas. Mais si vous vous investissez, il n'y a aucune raison que cela ne fonctionne pas. Mais formez- vous. Tous les contenus gratuits que vous trouverez ne sont pas forcément justes, et bien évidemment, vous n'aurez à chaque fois qu'une partie du puzzle. Il vous manquera toujours l'élément déterminant qui sera justement l'élément gagnant. **On ne peut pas gagner gratuitement.**

Community Manager : Le métier de community manager c'est encore un livre à lui seul. Il est là pour animer et gérer les réseaux sociaux ; répondre aux commentaires, organiser des jeux, favoriser la vente et le relationnel. Il doit aussi s'occuper de la veille pour savoir ce qui se dit sur votre société. Il peut s'appuyer sur des outils automatiques pour planifier les posts. C'est un métier en forte demande car récent, et bien payé.

Design et graphisme : Vous êtes un graphiste, vous maitrisez Photoshop ou Adobe Illustrator, vous avez de la créativité vous pouvez vendre vos compétences pour réaliser des logos, des flyers, des bannières Facebook, des cartes de visite, des vignettes YouTube, etc. Sachez que beaucoup de personnes ne maitrisent pas ceci, et sont à la recherche de vos compétences.

N.B : Les photos disponibles sur votre plateforme digitale ne doivent pas être lourdes pour retarder le chargement du site. Elles doivent donc obligatoirement être enregistrées sous format web à moins de 100 Ko et en résolution 72 dpi. Si vous ne savez pas faire ceci, il existe des applications pour « *cruncher* » vos photos, c'est-à-dire réduire leur poids (voir outils).

Immobilier : Vous me direz, *mais quel rapport avec le webmarketing ?* Et bien une partie de ceux qui font du webmarketing finissent par faire de l'immobilier, en général pour diversifier leur argent gagné. J'ai aussi appris que l'on peut se consacrer pleinement au métier d'investisseur immobilier et vite vivre de ses rentes en allant chercher le « cash-flow positif ». Alors si vous n'avez pas envie de passer par la case webmarketing, rapprochez-vous des formateurs en immobilier. Il faut mieux investir 1000 € de formation pour vite en gagner plusieurs dizaines de milliers d'euros. Mais il ne faut pas faire cela n'importe comment.

Infopreneuriat : C'est sous ce statut d'infopreneur que l'on trouve tous les formateurs, consultants, coachs, experts, thérapeutes. On entend surtout par infopreneur celui qui vend une formation en ligne.
Vous avez un savoir en particulier, une passion, l'envie de partager.
C'est un métier récent, comme beaucoup ici. Il s'agit de créer une formation / un contenu dématérialisé, que vous allez vendre en ligne par l'intermédiaire d'un tunnel de vente ou d'une VTH (vidéo trans hypnotique). Vous cherchez une thématique qui répond à un besoin/ une problématique, et vous créez votre contenu. Je me répète : ne cherchez pas l'idée du siècle, mais l'idée qui résout un problème. Ceci est très important pour ne pas aller à l'échec. N'ayez pas peur de la concurrence, il faudra juste apporter votre touche personnelle pour vous différencier par la suite. Vous pouvez vendre votre contenu sous différents formats :

- Vendre votre formation sous un format style « guide/ livret/pdf » que votre client téléchargera.
- Héberger sur une plateforme dédiée une formation en ligne organisée en différents modules (voir les outils). Votre client se connectera sur cette plateforme et pourra se former au rythme qui lui convient. Vous créerez en parallèle un groupe privé Facebook, qui servira de support à la communauté, soit pour votre intervention, soit pour l'entraide collective. Vous pouvez les compléter si vous le désirez, par des webinaires : vidéo en temps réel où tout le monde se connecte.
- Vendre par YouTube, votre blog ou autre format (audio par exemple). En appui de tout ceci, vous pouvez créer un groupe de partage et d'entraide, faire des lives pour répondre aux questions en complément de vos

formations.

La rentabilité de cette prestation est très intéressante car il faut peu de moyens techniques pour y arriver, et vous pouvez très vite mettre en place un système de vente en automatique. En gros, vous travaillez dur pour créer votre offre, la mettre en place techniquement, faire la publicité, et ensuite vous vendez pendant que vous dormez et que vous êtes en vacances. De mon expérience, je peux attester de la véracité de cette méthode, mais il vous faudra travailler dur pour y arriver sans oublier que rien n'est jamais acquis et le secteur du web connait rapidement des changements.

Métiers du marketing : Le marketing est un vaste domaine. Le but est d'attirer du trafic vers vos produits à vendre. Il peut s'acquérir soit avec du trafic gratuit, soit avec du trafic payant.
Je vous cite plutôt le travail à faire dans ce domaine, et vous pouvez vous spécialiser dans chaque cœur de métier.

Le marketing comprend :

- ***les publicités*** : Facebook, Snapchat, Instagram, Pinterest, Linkedin, Google. L'objectif est de faire des campagnes publicitaires afin d'attirer du trafic vers votre site, puis de faire surtout des conversions via le retargeting (reciblage), moins onéreux. Vous pouvez vous former à la publicité Facebook et gérer des comptes publicitaires pour vos clients dès que vous êtes à l'aise.
  Dès le départ, j'ai donc été formée par Franck Rocca qui est un des meilleurs de la publicité FB en francophonie. J'ai investi dans ses formations très complètes et détaillées, et j'assiste religieusement encore chaque lundi à ses webinaires pour être constamment au courant de l'actualité dans ce domaine où il répond aussi à toutes nos questions.
  http://bit.ly/2RvHHCd
  Vous avez maintenant plusieurs formateurs reconnus,

même des élèves de Franck qui ont fait leur chemin. N'hésitez pas à faire le vôtre, vous pourrez en vivre largement. La publicité Facebook ne se fait pas au hasard. Si vous ne voulez pas perdre votre argent, une formation est obligatoire. Épargnez-vous le risque de jeter votre précieux argent par les fenêtres. Cherchez à le faire de manière professionnelle pour atteindre de très beaux chiffres d'affaires. Il m'est impossible d'expliquer la publicité Facebook dans ce livre, car elle est l'objet d'une formation intense. Ici, je donnerai juste quelques informations générales sur la bonne présentation d'une publicité. Vous pourrez ainsi toujours démarrer avec une publicité boostée, assez simple à faire. Voilà, vous pouvez donc vous spécialiser et vendre vos compétences dans la publicité Facebook, Instagram, Snapchat, Twitter et Linkedin.

- ***Les augmentations de trafic vers votre site de façon gratuite*** : Il vous suffit de choisir votre spécialité. Cela comprend le SEO = référencement naturel sur Google. Vous pouvez vous former au référencement naturel de différentes façons. Soit par les organismes de formations, soit par les indépendants, soit par Google ! Par exemple, j'ai été formée au référencement naturel en même temps que la construction de mon site par un prestataire : www.enanti.fr avec Patrice Jeanroy. Il est spécialisé pour vous former sur la construction de votre blog sur Wix ou votre site e-commerce sur Dropizy. Tout en respectant le référencement, vous apprendrez les subtilités du petit robot Google. Google vous fait des formations certifiantes en SEO, soit à distance, soit dans des lieux physiques via les CCI par exemple. Sachez qu'il existe le SEA, c'est le référencement payant chez Google, les fameuses « annonces » qui apparaissent en haut d'une page Google. Pour information, sachez que si vous cliquez sur une annonce, la société payera ce clic. C'est le fonctionnement de l'annonce Google, qui se fait payer au clic. Le SEO, c'est l'analyse par environ 80 petits robots de Google de tout votre site. Il doit donc plaire à ces 80 critères d'analyses et personne ne connait la recette parfaite !

J'insiste sur le fait qu'il est très important de construire son site internet en parlant pour moitié à son client selon les techniques de marketing de persuasion, et pour l'autre moitié au robot Google. Ne laissez rien au hasard pour augmenter vos chances de réussite.
Mais il existe d'autres méthodes pour attirer du trafic sur son site comme le netlinking, ou le growth hacking.

Le netlinking est une stratégie d'échange de liens très importante pour augmenter la popularité ou le pagerank d'un site web, afin d'être mieux classé par Google. Les petits robots Google aiment les liens externes ou backlinks. Par exemple, si je suis sur un annuaire, il y a aura l'adresse de mon site web. Ceci est donc un lien ou une passerelle qui pointe vers mon site. Augmenter ses backlinks augmente ses chances d'optimiser son référencement.

Le growth hacking ou piratage de croissance se définit comme une stratégie, un ensemble de techniques marketing, voire même un état d'esprit permettant d'assurer à l'entreprise une croissance forte et à faible coût. Il faut vous former pour apprendre ces méthodes. J'ai appris auprès de quelques personnes différentes, chacune leur méthode.

Attention : Si vous entendez un jour parler de black hacking, n'y allez surtout pas !

- ***Les évènementiels et les relations presse*** : Ici c'est le métier d'organisation d'évènementiel, réalisable via une agence de communication en webmarketing. Pour créer votre agence de communication, vous pouvez vous référer aux formations sur le sujet ; notamment celle de *Léo Olsen Guillot et Alec Henry*. Un style d'évènement à organiser pourrait être l'inauguration d'une boutique. Je chercherai comment faire venir les prospects pour un

apéritif dinatoire dans la boutique, avec par exemple une animation. Puis, je m'occuperai de mettre la stratégie en place pour communiquer sur les réseaux sociaux. Il me faudra contacter la presse ce qui signifie que je vais devoir préparer un communiqué de presse et un dossier de presse. J'ai appris à le faire auprès d'un journaliste en achetant sa formation. *Jérémy Chauvain* via le lien http://www.seduirelapresse.com
C'est grâce à cette méthode que j'ai eu mon premier article dans Nice Matin, à la fin du festival de Cannes. Suite au démontage de la bâche publicitaire, qui sera recyclée par une association locale de réinsertion professionnelle. Cette association fabrique pour moi de la petite maroquinerie avec ces bâches, en vente sur mon site www.masacochemonideal.fr

- ***Les mailings*** : Ils font vraiment partie du marketing, mais j'en ai parlé dans le copywriting. Les deux sont liés.

- ***Agence de webmarketing*** : Si vous êtes à l'aise dans le marketing, vous maîtrisez les réseaux sociaux, la publicité Facebook, le référencement naturel, le growth hacking. Vous avez les armes pour monter votre agence. Sinon vous pouvez aussi sous- traiter les compétences que vous ne possédez pas. Cela ne vous empêche pas de démarrer avec une des compétences. Ou chercher un associé qui sera complémentaire à vous. Seul on va plus vite, à deux on va plus loin… Beaucoup de personnes délèguent ces tâches : soit elles n'ont pas le temps, soit elles veulent grandir et délèguent, soit elles n'aiment pas. Et vu que les métiers du web explosent, il y a de quoi faire votre place. Vous pourrez très bien gagner votre vie avec du dynamisme et de la créativité.

MLM ou Marketing Multi Level : Le marketing relationnel est l'ensemble des actions marketing qui visent à établir une relation continue, renforcée et enrichie avec le consommateur afin de le fidéliser et d'augmenter éventuellement son équipement ou sa consommation. Cette relation se construit par l'établissement d'un dialogue entre la marque et le consommateur qui s'effectue sur différents canaux et supports (site Internet, réseaux sociaux, emailing, mailing, application mobile, consumer magazine, etc.) et éventuellement par un dispositif visant à récompenser le consommateur (carte fidélité, services exclusifs, invitations, etc.).

Tout le monde connait la marque « *Tupperware* » qui ne vend qu'à domicile en marketing de réseau. Il en existe pleins d'autres. Un associé dans un de mes business vient du marketing relationnel. Il est chez Modere depuis plusieurs mois après avoir connu une autre marque pendant plusieurs années. Il m'a expliqué que cela n'était plus vraiment du marketing relationnel mais du « *social retail* » car la PDG a fait évoluer le système. Actuellement en mode e-commerce, finis les déplacements à domicile, et on communique par les réseaux sociaux.

Il me disait aussi que les produits sont exceptionnels, possèdent des brevets innovants, avec un excellent plan de compensation. Mais j'étais à fond dans la mise en place du deuxième projet site e-commerce, je n'entendais pas, je n'avais pas le temps. Puis une fois prêt pour le lancement, nous avons dû attendre après notre fournisseur et des problèmes techniques à finir de mettre en place. Du coup, je me suis intéressée à ce qu'il faisait, à ses produits. Qui sont en totale harmonie avec mes valeurs de vivre une vie saine. Finalement, achetant ses produits, j'ai décidé de passer « *social marketeur* ». Le hasard du calendrier *(mais y'a-t-il vraiment un hasard ?)* a fait que 15 jours plus tard se tenait le congrès Europe à Lille avec la PDG *Asma Ithaq*. *Quoi de mieux pour démarrer ?*

Mon plaisir aujourd'hui avec Modere, est ce que l'entreprise veut insuffler : amener le « *vivre sain* » dans 10 millions de foyers. C'est un régal tous les jours d'apporter de la valeur, des bénéfices produits et des exemples du vivre sain. Tout le monde pourrait et même devrait être concerné. Il y a beaucoup de personnes à convertir, le challenge est plaisant et vous êtes rémunéré pour cela. Vous pouvez soit faire de la vente produit, soit développer un réseau de socials marketeurs ou alors combiner les deux. Vous serez donc rémunéré en additionnant les 2 activités. Si vous n'avez pas d'entreprise, vous prendrez le statut de VDI (Vendeur à domicile indépendant), simple à mettre en place et cumulable avec un autre travail. En plus c'est Modere qui paye vos charges sociales. Je vous laisse le nom de mon groupe privé sur Facebook : « ma vie saine by Vali » pour toutes les personnes désirant rejoindre l'équipe, faites- moi une demande d'ajout. Ou voici mon lien pour accéder à la boutique : http://bit.ly/2QBsUoM

J'aimerais ajouter qu'il existe beaucoup d'autres entreprises de MLM, dans différentes branches. Cherchez celle qui vous correspond selon votre pourquoi et vos affinités. Notez que pour faire du MLM, vous devez avoir des qualités de leaders si vous aspirez à développer un bon réseau. Un leader doit être bienveillant, inspirant, humble dans le partage, vouloir la réussite de son équipe beaucoup plus que la sienne et mettre son ego de côté. Le leader n'est pas le patron. Il doit aimer son équipe pour réussir, se remettre en cause à chaque fois pour améliorer ses manquements et montrer le bon chemin à son équipe. Un nouveau réseau vient de se mettre en place pour toucher du cash sur vos achats : Yers.
Voir *« notifications sur une zone géographique p. 126 »*.
Vous devez absolument lire le livre : « *L'entreprise du 21è s* », **Robert T. Kiyosaki** https://amzn.to/2P146ua

Montage audio ou vidéo : Il faut savoir qu'aujourd'hui, si vous voulez une publicité pas trop chère sur Facebook, vous voulez mieux interagir avec le client, le format vidéo est mieux que la photo. Il est plus viral. *Mais comment le faire ?* C'est une question qui me trotte dans la tête depuis longtemps. *Prendre ma caméra et filmer mes sacoches ?* Déjà il me faudrait un pied car je ne peux rien faire avec une main. Ensuite il me faudra sûrement faire un montage vidéo car ça m'étonnerait que j'y arrive en une seule prise. Si je dois faire un montage, il me faut un logiciel et maitriser un minimum ce logiciel. Dans l'idéal posez au moins votre appareil sur un pied afin de ne pas donner le tournis à celui qui vous regarde. Et vous vous formerez avec un logiciel style Camtasia pour faire le montage. Il y en a plein qui le font. J'ai déjà maitrisé tellement de choses, j'avoue que sur ce point-là je n'ai plus envie. Déjà que moi et la technique, nous n'étions pas de bonnes amies. Je débute la procrastination de la réalisation d'une vidéo de présentation des produits de « ma_sacoche(mon-ideal) ». Cette vidéo aura pour but de rassurer le client sur la qualité, la douceur, la souplesse et la solidité du liège, et tous les rangements optimisés. Alors, viendra le jour où… et ce jour-là est arrivé via la Chambre de commerce et d'information (CCI), une formation y était organisée sur l'aménagement de la boutique. En attendant qu'on nous fasse entrer, j'ai commencé à discuter avec un vidéaste ; exactement ce qu'il me fallait. Sortez de chez vous… rencontrez du monde et donc forcément des opportunités. Je vous le recommande si vous êtes dans le sud, mais il peut se déplacer : www.aurelprod.com.

Pensez donc à toutes ces ressources à portée de main si vous ne trouvez pas dans votre entourage. Chers vidéastes, à vos caméras ! Faites du networking pour vous faire connaître dans votre région, ceci est également valable pour les autres métiers comme l'audio, les montages de podcast qui fonctionnent très bien, pour des voix off et des effets sonores. Et pensez à vous inscrire sur 5euros.com ou autre plateforme (voir dans outils).

Photographe : Vous avez une passion pour la photo, faites-vous connaître dans une niche particulière car sur le web la majorité du contenu est visuel. Rien de mieux qu'un site personnalisé avec ses propres photos ou les photos de votre propre marque/produit si vous faites du dropshipping. Ceci est un point clé pour témoigner de votre aspiration à être un entrepreneur professionnel. Si je devais faire une requête dans un moteur de recherche et tomber cinq fois sur l'image d'un produit, je n'irais pas voir ailleurs. Différenciez-vous ! Apportez de la valeur à votre produit, mettez-le en scène différemment. Cela pourra être un argument de poids dans la différence de prix sur le marché.

Vendre mes compétences, mais où ? Pour vendre vos compétences, il existe différents sites où vous pouvez vous inscrire. Mais pas seulement en graphisme. Allez-vous balader sur les sites énumérés ci-dessous. Et vous trouverez des idées et peut-être votre bonheur pour démarrer. Pour acheter une compétence sans embaucher un salarié, vous trouverez ici une large gamme de choix pour déléguer et sous-traiter des tâches. Quoique vous puissiez aussi déléguer à une agence de webmarketing, tout dépend de votre budget. Pour « ma_sacoche(mon-ideal) », mon budget était mis dans le stock, il me fallait donc optimiser les coûts annexes. J'ai une préférence « cocorico » pour www.5euros.com, dont j'ai utilisé plusieurs fois les services et j'en suis très satisfaite. C'est une place de marché de micro-services en ligne à partir de 5 euros. J'ai eu l'occasion de rencontrer les fondateurs au salon SME des indépendants à Paris. Une jeune équipe de 4 personnes, très dynamique. De quoi avoir une entreprise qui connait une croissance significative. Le fonctionnement de cette plateforme est assez simple. Chaque adhérent offre un service pour 5 euros (standard) et par la suite il est libre de créer ses offres plus personnalisées. Le logo et la bannière de mon deuxième site ont été effectués chez eux.
Pour mon premier site, je ne les connaissais pas encore et j'avais fait appel aux services de www.fiver.com. Le principe de fonctionnement est le même, mais les intervenants sont souvent basés à l'étranger. Toutes les discussions se font en anglais, et il faut tenir compte du décalage horaire. Le logo de « ma_sacoche(mon-ideal) » a été fait par ce biais… au Bangladesh.

Vous trouverez aussi www.malt.fr : plateforme de free-lances français.

Un autre site dédié est https://www.upwork.com où les échanges se font principalement en langue anglaise. Pour terminer, vous avez également www.udemy.com où vous pouvez acheter des formations ou vendre les vôtres.

Vidéaste : Chacun son métier, et chers amis vidéastes, nous avons besoin de vous ! Voir « montage vidéo ».

Youtubeur : Vous connaissez le VLOG ? C'est comme un blog mais en vidéo. Vous pouvez apporter vos contenus de valeur via Youtube, qui est un moteur de recherche aussi puissant que Google. Pour bien réussir votre démarrage sur Youtube au milieu des millions de vidéos, il existe des techniques. Pour arriver à décoller facilement, n'hésitez pas à investir dans une formation pour bien promouvoir votre vidéo sur Youtube.

Il y a 2 personnes très compétentes sur le sujet :

- **Franck Maes**
- **Loumax Digital**

Webdesigner : Pour votre site e-commerce ou votre site vitrine, soit vous faites-le vous- mêmes, (Cf dans la liste les outils), soit vous faites appel à un designer qui vous créera votre site de toute pièce.
J'attire juste votre attention sur le fait que certains designers font du superbe design, mais cela ne suffit pas pour vendre. Il faut que le site soit construit selon les contraintes des petits robots Google pour le référencement naturel. Vous n'aurez aucun résultat si vous ne prenez pas en compte ceci. Alors attention avant de vous engager avec votre webdesigner. Vérifiez bien ses compétences, ou appuyez-vous sur un marketeur qui formera un duo pour mener à bien l'élaboration de votre site.

Partie 3 :

LA TECHNIQUE

Avant d'entrer à l'école d'infirmière, j'ai fait un bac F8 médico-social, le premier métier de ce bac étant de devenir secrétaire médicale. La secrétaire se doit de savoir bien écrire sans faute, et comprendre au maximum les rapports médicaux dictés par le médecin pour ne pas écrire n'importe quoi. Nous avions une matière dénommée la « technologie médicale » au cours de laquelle nous apprenions à décortiquer tout le jargon médical afin de comprendre le rapport des médecins après consultation d'un patient. C'était le travail préparatoire pour l'école d'infirmière.

Soudain, d'une manière totalement anodine je fis la rencontre du e-commerce. Je ne comprenais rien à la lecture du premier livre. J'en cherchais un plus explicite pour m'expliquer les concepts en profondeur. Mais je n'en trouvais aucun ! Je me suis rendu à la FNAC pour me renseigner et une vendeuse m'a conseillé des livres généraux sur le webmarketing ou le e-commerce. Hélas ! Mon problème n'était pas résolu. Je réalisais alors à ce moment que le monde avait besoin d'un livre INDISPENSABLE pour toute personne novice se lançant dans le webmarketing. Je n'imaginais pas que ce serait moi qui l'écrirais. Les 2 chapitres à venir seront donc votre bible à consulter à tout moment, tout au long de votre parcours initiatique, même plus avancé. Au bout de 2 ans, je découvre encore des termes ou des outils que je n'avais jamais vus. Et cela ne s'arrêtera jamais. J'essayerai de mettre à jour régulièrement.

Cette liste, je l'ai construite chaque jour, en fonction de tous les mots techniques que je pouvais rencontrer. Elle n'est donc pas exhaustive. Elle s'est faite surtout avec tout ce que j'ai appris selon mes projets, ce que j'ai pratiqué… et ma curiosité. Enfin, elle est surtout là pour vous faire gagner un temps précieux dans la compréhension.

Je pense sincèrement qu'avec ça, vous avez de belles armes pour démarrer et mieux comprendre vos formations ou ce qui se dit sur les groupes. Vous pourrez même apporter des réponses dans les groupes, et pourquoi ne pas conseiller ce livre.

1 - Le vocabulaire

A/B testing

Dans le marketing, il est impossible de dire à l'avance quelle est la formule qui va la mieux fonctionner, quelle est la publicité qui sera la plus efficace car cela dépendra de l'image, du texte et bien d'autres éléments. Il faut donc toujours tester. L'A/B testing c'est donc tester la solution A avec la solution B, et garder celle des deux qui fonctionne le mieux.

Accroche

C'est une information importante qui va venir compléter votre titre sur une page de votre site.
Cela peut aussi être une phrase pour interpeller votre prospect dans une publicité ou le titre de votre mail.

Adresse mail

Si vous voulez devenir professionnel, commencez par prendre une adresse mail professionnelle, de préférence européenne.
Pour plusieurs raisons :

- pour votre notoriété et votre valeur perçue ;
- pour passer les filtres anti-spam ;
- parce qu'une adresse Gmail n'est absolument pas sécurisée : votre mail est lu par Google.
- En prenant votre nom de domaine, prenez votre adresse mail. Cela ne vous coûtera qu'un euro par mois environ (OVH).

Ads

Publicité en anglais. Dans les publicités vous entendrez régulièrement parler d'ads dans des adsets. L'ads est la pub, l'adset est l'ensemble de pubs. Un adset comprend donc plusieurs ads.

Affiliation

L'affiliation e-commerce est une technique de marketing / distribution qui est propre à Internet. L'affiliation est le principe par lequel un site e-commerce, blog, ou un infopreneur propose à un réseau de partenaires affiliés de promouvoir ses produits ou ses services. En échange, les affiliés sont rémunérés par une commission sur les ventes ou les leads, générés à partir de leurs liens d'affiliation. Il faut passer par une plateforme d'affiliation (voir plus loin) pour pouvoir la pratiquer. Il vaut mieux trouver des affiliés moins connus afin d'être peu nombreux sur le marché, à promouvoir le produit, et donc toucher plus de commissions. Sur des formations, les commissions peuvent monter à 50 %. Vérifiez bien le taux de commissions, et sur les offres par abonnement, vous devez savoir s'il n'est valable que sur le premier mois ou sur tous les mois.

Vous pouvez donc également vendre vos propres formations en affiliation.

Une référence en formation sur l'affiliation est Nina Habault : http://bit.ly/2AX9ndF

A.I.D.A

En marketing, vous entendrez souvent parler de la structure A.I.D.A.

- A = Attention : attirer l'attention du prospect
- I = Intérêt : faire naitre l'intérêt pour votre produit
- D = Désir : vous devez susciter le désir
- A = Action : pour le faire passer à l'action et entrainer l'acte d'achat.

Puisque vous voulez conduire votre prospect vers la concrétisation de son acte d'achat, il vous faudra suivre obligatoirement cette règle.

Aliexpress

Plateforme de fournisseurs basée en Chine. Pour information, Aliexpress vend à l'unité, Alibaba vend en gros (si vous faites du Amazon FBA). Aliexpress vend au revendeur, mais aussi en direct au client sur la toile.

Mais peu de clients le savent, et peu sont enclins à acheter directement là-bas en Chine, ça peut effrayer. Tandis que les mêmes produits, mis avec valeur sur un beau site donneront confiance, surtout si on voit que l'on peut facilement joindre la personne en cas de problème.

Amazon

Plateforme marketplace. Voir marketplace.

Ancre

Une ancre est un lien interne à une page qui permet d'accéder directement à un bloc d'information par un mini sous-menu. Les liens internes favorisent le référencement naturel de votre site.

Audience

Si vous voulez vendre votre produit, vous devez cibler une audience par l'intermédiaire de votre avatar. Comprenez bien ceci : il ne sert à rien de crier à tous les passants devant votre boutique d'entrer car vous avez les plus belles sacoches du monde ! Déjà s'ils n'en ont pas de besoin, ils ne vous achèteront rien. Vous allez plutôt chercher à cibler des personnes qui sont dans le périmètre de la boutique, qui possèdent un ordinateur, et pourquoi pas qui sont sensibilisées à l'environnement. En le faisant vous créez ainsi une audience.

Auto-édition

Vous avez décidé d'écrire un livre pour vous faire connaître. Soit vous passez par une maison d'édition, mais si vous n'êtes pas connu, cela va être difficile et risque de prendre du temps. Soit vous allez éditer vous-même votre livre, à l'unité ou par centaines. Aujourd'hui tout est possible. Pour cela vous avez des plateformes en ligne :

- lulu.com
- Sur Amazon : le KDP amazon, ou Kindle pour les livres numériques.
- http://www.blurb.fr/
- kobo de la Fnac
- Apple store

Ensuite à vous de vous faire connaitre.

Autorépondeur

Système qui permet d'envoyer des mails que vous aurez programmés en automatique ou pas. Le choix de l'auto-répondeur est très important. En premier pour être sûr que votre mail arrive bien dans la messagerie de votre destinataire et non pas dans la boite Spam. Et ça c'est tout un art… C'est un métier à part entière. Vous devez trouver l'auto-répondeur qui vous corresponde, mais aussi qui soit capable, pour un prix raisonnable, de mettre vos données et celles de vos clients en sécurité, qui soit réactif aux pannes, qui soit disponible, avec toujours de l'innovation, le tout avec conscience professionnelle, éthique et transparence.

Voici par exemple l'importance du travail sur la délivrabilité pour augmenter vos chances d'arriver en boite de réception :

- Vérifier et mettre régulièrement à niveau l'infrastructure de routage.
- Optimiser les processus d'envois d'emails.
- Étudier le fonctionnement des filtres anti-spam.
- Se mettre en relation avec les acteurs importants du marché.
- Cela est difficilement faisable par les outils "tout-en-un" ou les applications que vous pouvez acheter sans abonnement.

Et sachez que les plateformes américaines n'ont pas suffisamment d'intérêts à se pencher sur le fonctionnement des fournisseurs français comme Orange, La poste, Free, Sfr, etc. Or, cela représente 20% des adresses emails des utilisateurs francophones.

C'est pour toutes ces raisons que

j'ai choisi SG Autorépondeur, plateforme française spécialisée en emailing :
http://bit.ly/2CWCZcB
Voir la rubrique dans les outils pour tous les auto-répondeurs.

Autorité

Il y a deux types d'autorité :

- Celle que vous représentez face à votre client : plus vous aurez de témoignages, de preuve sociale sur votre site ou page, plus vous aurez de l'autorité dans votre milieu et les gens vous feront confiance.
- Vous trouverez aussi l'autorité de votre site face au référencement naturel de Google, vis à vis des autres sites. Voir comment votre site est noté par les petits robots.

Automatiser

C'est un peu un mot magique. Il faut automatiser le maximum votre business pour profiter de la vie. Quand vous aurez tout mis en automatique, vous aurez bien progressé et réussi.
Vous pouvez automatiser avec les tunnels de vente, les mailings programmés, les publications programmées sur les réseaux avec des outils… et déléguer certaines tâches à vos collaborateurs ou sous-traitants.

Ce qu'il faut retenir pour automatiser son business :

- il faut un produit qui résolve un problème,
- il faut une audience étudiée d'après votre avatar,
- et tout le processus d'automatisation pour que l'offre tourne jour et nuit et fasse des ventes, même en dormant ! (Avec ce qu'on appelle les tunnels de vente).

Avatar ou persona

C'est votre client idéal. Il faut le visualiser dans votre tête, lui mettre une photo, un prénom, son sexe, son âge, son métier, sa famille, ses craintes, ses doutes, ses habitudes, son langage, ses frustrations, ses échecs, ses émotions, le fil de sa journée, ses lectures. Pour mieux le comprendre, allez voir les forums où il pourrait trainer, c'est une mine d'informations pour cibler au mieux vos actions. Ensuite, parlez-lui de ses problèmes et mettez la solution sous ses yeux… il y a de fortes chances pour qu'il craque.

Backend

C'est tout le système que vous allez mettre en place pour vous occuper de vos prospects et clients, une fois la boutique finie.

Il comprend :

- la gestion du service client : appels, mails, chatbot ;
- la relance des paniers abandonnés ;
- la programmation des mails automatiques qui apportent de la valeur, soit pour convertir vos clients avec des offres promotionnelles entre deux, soit pour fidéliser tous vos clients. Vous devez établir une relation de confiance avec votre clientèle, et non pas une relation de pollueur avec des mails qui n'apportent rien. Tout est dans la valeur de ce que vous apportez. C'est très important.

Backlink
Voir lien entrant.

Balise Alt
La balise ALT ou « attribut ALT », correspond au texte alternatif d'une image ou d'un visuel sur une page Internet. Quand vous importez une image, il faut compléter cette balise pour dire ce qu'elle représente (pensez à l'aveugle qui ne peut voir l'image, il pourra la lire). Si l'image n'apparait pas, c'est le texte qui s'affichera. Evitez donc de mettre les tirets entre chaque mot. Ce serait lu entre chaque mot.
De plus, sachez que la balise ALT a toute son utilité dans le référencement naturel Google (SEO). Les petits robots vont comprendre que votre image est pertinente via les mots clés utilisés.

Balise html
C'est un système de repère dans le codage d'une page pour savoir où l'on se trouve dans la page. Il se présente sous ce format : <>

Par exemple :
- vous devrez installer votre pixel Facebook sous la balise <head>

- dans le code de votre site, vous chercherez <head>
- vous collerez votre code juste en dessous de cette balise

Balise title

La balise Title est une balise du code HTML utilisée pour donner un titre à une page web. Elle est très importante dans le référencement SEO, elle décrit principalement votre produit. Il faut utiliser les mots clés principaux. Vous devez décrire ici votre produit, mais tel que ce soit une réponse à la recherche d'un consommateur. De plus elle doit faire maximum 70 caractères.

Bannière

La bannière publicitaire est une forme de publicité en ligne distribuée par un serveur de publicité sur le World Wide Web (www). Ce type de publicité implique l'intégration d'une annonce dans une page web. Son but est d'attirer du trafic vers un site web en se connectant au site web de l'annonceur.

Bigbuy

Plateforme de fournisseurs basée en Espagne qui vend en dropshipping. Elle envoie directement vos produits aux clients ; le concurrent d'Aliexpress mais en Europe. Le gros avantage est la réduction des délais d'envoi (4 jours au lieu de 3 semaines…).

Black Hacking

Le black hat ou black hacking fait référence à une pratique de growth hacking, mais qui serait contraire à l'éthique, contraire à des conditions d'utilisation d'un service. N'y allez surtout pas.

Blog

C'est un type de site web particulier, conçu pour y publier le plus régulièrement possible des articles ou posts, qui peuvent faire réagir le lecteur en commentaires. Il a pour but d'apporter de la valeur, de l'information dans une thématique donnée.

Branding

Le terme de branding désigne une logique d'action marketing

ou publicitaire qui cherche surtout à positionner votre marque dans l'esprit du consommateur. Il s'agit de créer l'univers d'expression de votre marque ; étudier l'image que vous souhaitez véhiculer auprès de vos clients mais aussi de vos fournisseurs, vos sous-traitants, vos concurrents, et des institutions ; étudier la cible que vous souhaitez atteindre. En bref, le branding doit dégager vos valeurs.
Si vous êtes infopreneur : attention à votre apparence dans les vidéos, tout est dans la prestance.

Break-even

Cela veut dire qu'après une publicité sur la vente d'un produit, vous ne faites pas de bénéfice. C'est le point mort : les ventes ont équilibré les dépenses.

Bundle

C'est un terme qu'on utilise pour désigner une offre groupée. On peut l'utiliser pour associer un produit plus cher avec une offre groupée moins chère pour augmenter le panier moyen.

Business plan

Le business plan est un dossier qui permet de construire, de structurer et de valider un projet de création ou de reprise d'entreprise. Vous devez bien le travailler afin de le présenter devant votre banquier ou organisme de financement. Il montre que vous avez bien travaillé sur votre projet et quelles sont vos projections financières à court et moyen terme.
Il peut être difficile de monter un business plan seul. Soit vous vous rapprochez d'un expert-comptable, soit d'organisme d'aide à la création d'entreprise. J'ai pu y avoir accès gratuitement.

B2B : Business to Business

B2B est un raccourci pour le terme anglais « *business to business* » Il désigne les activités commerciales et marketing réalisées entre entreprises.
Pour « ma_sacoche(mon-idéal) », je travaille également en B2B, soit en direct avec les entreprises, soit avec des comités d'entreprises.

B2C : Business to Consumer

B2C désigne l'ensemble des relations, techniques, marketing, l'activité commerciale, qui unissent les entreprises et les consommateurs finaux.

Chatbot : chat (discussion) et bot (robot)

Un chatbot ou agent conversationnel, est un robot logiciel qui simule l'humain pouvant dialoguer avec un individu ou consommateur par le biais d'un service de conversations automatisées. Les réponses sont programmées par le biais d'arborescences de choix. Il discute via les messageries instantanées (surtout Messenger). Il est judicieux de prévenir vos prospects ou clients qu'ils ont affaire à votre assistant- robot (vous pouvez le nommer) et non pas à vous-même car parfois le robot ne saura pas répondre. Un spécialiste du bot : http://bit.ly/2RvHHCd

Champ lexical

On parle de champ lexical pour désigner un ensemble de noms, d'adjectifs et de verbes appartenant à une même catégorie syntaxique et liés de branches par leur sémantique. Les champs lexicaux peuvent être à valeur dénotative ou être à valeur connotative. « Dans un champ lexical, un sens est évoqué par plusieurs mots. »

Chapô

Le chapeau (souvent écrit chapô dans le milieu de la presse) est un texte généralement court, présenté en plus gros, et en caractères gras, précédant le corps d'un article de presse et dont le but est d'en encourager la lecture, par exemple en résumant le propos qui va être développé.

Charte graphique

La charte graphique est importante pour votre site. Elle va refléter votre objectif, quelle cible vous voulez viser. Faire joli ne suffit pas. Elle doit être en accord avec vos tarifs. Une fois que vous aurez choisi vos couleurs (voir la roue des couleurs dans les outils), pensez à bien noter les références qui vous serviront pour vos supports annexes.

Client

Je voulais simplement vous rappeler que le client sera toujours roi, il vous fait vivre.

Vous devez le bichonner pour une simple raison : il est toujours plus facile et moins coûteux de faire revenir un client dans votre boutique pour qu'il achète. En sachant que 60 à 80 % du chiffre d'affaire se fait sur la clientèle existante, vous comprenez l'importance de la mise en place du back-end.

CMS : Campaign Management System ou Outil de gestion de contenu

Le CMS permet d'actualiser un site sans aucune maitrise du code HTML. Un CMS e-commerce est spécialisé pour le développement des sites web e-commerce. A ce titre, les CMS e-commerce comprennent de nombreuses fonctionnalités et plugins pouvant améliorer votre plateforme. Il place le web à la portée de nombreuses personnes avec des templates harmonieux.

Des exemples : Shopify, Dropify, Wix, Prestashop, etc.

Community Manager

Le community manager est avant tout le représentant et l'ambassadeur de la marque.
Il anime la communauté via les réseaux sociaux. Son rôle est de fédérer une communauté d'internautes. (Voir les métiers).

Communiqué de presse

Un communiqué de presse est un document court, envoyé aux journalistes dans le but de les informer d'un événement comme la création d'une société ou le lancement d'un nouveau produit. À ne pas confondre avec le dossier de presse, destiné à présenter aux journalistes l'entreprise dans son ensemble. Sachez que 99 % des communiqués de presse atterrissent à la poubelle… donc si vous voulez faire partie des 1 %, il faut absolument attiser la curiosité professionnelle du journaliste pour ouvrir le mail contenant votre communiqué : passez du temps sur le titre de votre mail qui doit plutôt être du genre « *comment… sans…* ».

Congrès - Salons

Quand vous le pouvez, participez à des congrès, des salons dans votre domaine. Soit en tant que visiteur : par exemple, au salon des indépendants Porte Maillot, soit en tant qu'exposant.
Avec ma marque « ma_sacoche(mon-idéal) », je voulais également toucher les entreprises et fabriquer à façon de la maroquinerie, sacoches ou autres. Une façon de les contacter a été de m'inscrire au congrès « *Affaires de Cadeaux* » Porte de Versailles. Un objectif un peu haut, mais avec un stand Start Up, c'est déjà plus réalisable. Et puis, pourquoi viser petit… croyance limitante !
J'ai eu des retombées directes, et pas n'importe lesquelles. Je fabrique des portes cartes grises pour les marques Ferrari, Mac Laren, Bentley, Rolls Royce, Aston Martin, pour chaque voiture qui sortira des concessions de Monaco ou de Cannes… Maintenant, à chaque fois que je vois une de ces voitures immatriculées de Monaco ou du 06, je ne peux m'empêcher de penser que ma carte grise est dedans… Et pourtant, je ne vous raconte pas le stress quand je suis arrivée Porte de Versailles, en me demandant ce que je faisais là… Osez !

Content ou Inbound Marketing

Le content marketing est une stratégie marketing qui peut se traduire par « *marketing de contenu* ». Il regroupe l'ensemble des pratiques permettant de mettre à disposition des internautes et utilisateurs d'une marque, des contenus pertinents. Ceux-ci peuvent être sous forme de contenus écrits ou de vidéos, de livres blancs, webinaires, études de cas clients, ressources, billets de blog, etc.

Copywriting

C'est l'art d'écrire pour convaincre de passer à l'acte d'achat en mettant en place des techniques de persuasion, en racontant des histoires intéressantes pour maintenir votre prospect en haleine jusqu'à la fin de sa page. La mise en œuvre doit être subtile et imperceptible, tout en gardant absolument de l'authenticité. Il faut trouver les arguments qui lèvent les freins, tout en discutant l'air de rien. Bref, comme je l'ai dit au début : c'est de l'Art.

Countdown timer

Compteur appliqué sur un site ou une page de vente afin de calculer le temps restant pour une offre. Permet de créer un sentiment d'urgence pour pousser à l'acte d'achat. Attention de l'utiliser en tant que vrai compteur qui décompte en temps réel. Le service des fraudes veille au grain ! Amendes à l'appui.

Croyance limitante

Une métaphore : c'est un boulet qui vous empêche d'avancer. C'est une fausse croyance ou un prétexte qui vous empêche de passer à l'action. Il faut dans ce cas, faire du développement personnel pour lever ces mauvaises croyances. Mais ce n'est pas toujours de votre faute ; il peut arriver que vous ayez été éduqué selon certains schémas comme quoi « Ce n'est pas bien de gagner de l'argent ». Comment voulez-vous vous lancer et en gagner avec un tel boulet ? Et en France on n'est pas gâté…

CTA : Call To Action

Bouton de passage à l'action

Curation

La curation de contenus est une activité stratégique pour effectuer une veille performante sur les sujets les plus traités par les internautes, par vos concurrents et par les influenceurs. C'est également un outil d'organisation et de partage de connaissances ; vous créez un dossier avec ce qui vous intéresse, et c'est accessible pour tout le monde.

Les principaux outils de curation sont :
https://www.pearltrees.com/fr/
https://www.scoop.it/
https://mention.com/fr/

Dark post

Lorsque vous faites une publicité payante sur Facebook, votre post sponsorisé va être diffusé auprès de votre cible. Par contre, il ne sera jamais montré sur votre page. Vous ne le verrez pas. C'est pourquoi on l'appelle dark post.

Data

Quand on parle de datas, ce sont les données utilisées. Il est employé pour parler des données dans le domaine informatique.

Design thinking

Le design thinking est tout simplement le terme utilisé pour désigner l'ensemble des méthodes et des outils qui aident face à un problème ou un projet d'innovation à appliquer la même démarche que celle d'un designer. C'est une approche de l'innovation et de son management qui se veut une synthèse entre la pensée analytique et la pensée intuitive. Il s'appuie beaucoup sur un processus de co-créativité impliquant des retours de l'utilisateur final.

Pour construire mon projet de sacoche, j'ai participé à des Moocs (cours gratuits en ligne) sur le design thinking et cela m'a aidée pour mettre sur pied mon projet.

Développement personnel

En vous lançant dans le webmarketing et donc l'entrepreneuriat, vous avez un objectif en tête : faire de l'argent.

Mais pour réussir, vous y arriverez plus facilement et plus sûrement en vous initiant au minimum au développement personnel, soit par la lecture, soit des masterminds, soit des coachings privés.

Le développement personnel comme vous l'entendrez dire peut vous apporter ceci :

- Une prise de conscience qui différencie ceux qui atteignent leurs objectifs des autres ;
- Des outils sur comment se fixer les bons objectifs ;
- Connaître des clés pour être motivé sur la durée ;
- Lever des freins qui vous empêchent d'avancer.

Il y a de nombreuses personnes pour vous aider en développement personnel. Les leaders sont David Laroche, Franck Nicolas, Tony Robbins, Martin la Tulipe, Roger Lannoy, Brendon Burchard. J'ai pu voir les deux premiers en séminaire et d'autres rendez-vous sont pris en 2019 car il faut toujours s'améliorer.

Dossier de presse

Un dossier de presse vient généralement en complément d'un communiqué de presse. Il va étayer plus longuement le contenu de votre communiqué de presse. Comme le communiqué de presse, le dossier de presse est avant tout un document de travail qui doit permettre au journaliste de préparer un article ou une interview.
Personnellement, je me suis formée auprès d'un journaliste pour créer mon dossier de presse et mon communiqué de presse. Grâce à cela, j'ai pu décrocher un article dans Nice matin suite au décrochage de la bâche du Festival du film. Ma marque soutient également une association de réinsertion professionnelle ; je fais fabriquer de la petite maroquinerie avec les bâches recyclées du Palais des festivals et alentours.
Mon formateur : Jérémy Chauvin de Séduire la presse.

Double optin

Le fait de valider l'autorisation d'utiliser un mail d'un prospect en deux étapes de validation.

Downsell

Vente additionnelle après la vente principale, moins cher que l'upsell si le client a refusé ce dernier.

Dropshipping

C'est une méthode et non pas un outil. Votre client achète dans votre boutique sur laquelle vous avez sélectionné des produits chez différents fournisseurs (ou pas). La particularité c'est que vous n'avez pas de gestion de stock car c'est un tiers qui gère le stock pour vous. Vous validez la commande, payez votre fournisseur, et c'est lui qui envoie directement au client. On

peut dire que la Redoute et les 3 Suisses font ça depuis très longtemps…
On appelait cela la VPC… vente par correspondance !
Vous pouvez vendre sur votre site, sur des places de marché. L'avantage c'est que vous pouvez démarrer avec peu de budget. Faites attention à vos fournisseurs, surtout si vous travaillez avec la Chine. Vérifiez bien qu'ils existent, demandez des vraies preuves (cumulez photos dans différents endroits de leur shop avec votre nom écrit à la main dessus, imaginez ce que vous voulez) mais ne virez pas de l'argent au hasard !
Commandez toujours un exemplaire pour vérifier la qualité du produit avant de le mettre sur votre site car entre la photo et la réalité (…)
Il faut connaître l'inconvénient majeur du dropshiping tel qu'il se faisait jusque maintenant : tout le monde achète en Chine sur Aliexpress. Le produit met donc en moyenne 3 semaines pour arriver chez le client, générant pas mal de gestion de relations clients qui s'inquiètent des délais, et le packaging n'est pas souvent top.
Pour contrer cela, une plateforme s'est ouverte en Europe : Bigbuy (en Espagne). Les produits sont peut-être un peu plus chers pour certains, mais vous avez beaucoup moins de soucis avec les clients. Les délais sont ramenés à 4-5 jours en moyenne.
Mais il faut savoir que rien ne vous empêche de trouver des fournisseurs par vous-même, en France ou en Europe, qui acceptent de livrer directement vos clients. Certains formateurs vous donnent des listes en achetant leurs formations.
Attention à gérer scrupuleusement car vous pouvez faire beaucoup de chiffre, mais très peu de marge. Beaucoup arrêtent parce qu'ils n'ont pas su gérer c'est pourquoi je prends la peine de vous mettre en garde.
N'oubliez pas d'inclure et de payer vos frais de douanes et taxes.
Le but du dropshipping est de créer sa boutique, soit pour la revendre quand elle fera suffisamment de chiffre, soit pour en faire une marque. C'est une façon de récupérer du capital rapidement pour investir différemment. Elle n'est pas une activité à exercer sur le long terme.

Duplicate content

Google déteste le duplicata content, intégrez bien ceci ! En fait, il consiste à copier un texte sur la toile et le remettre intégralement sur votre site. Google reconnait l'auteur du texte et sanctionne le copieur c'est donc un acte à ne jamais poser. Inspirez-vous de cela, mais ne le copiez pas. Faites marcher votre créativité. Et Google sait très bien qui a mis l'article en premier…

Earlybird

En avant-première ! Dépêchez-vous d'acheter avant que les prix montent…

Effet cumulé

Retenez bien ceci : des petites améliorations sur une longue période de temps finissent par donner des résultats impressionnants. Vous devez absolument lire le livre L'EFFET CUMULÉ de Darren Hardy.

Un exemple : Vous démarrez et votre site web ou blog a 1000 visites par mois. Vous allez améliorer ce chiffre de 20 % par mois. Au bout d'un mois vous aurez une petite progression à 1200 visites. Mais au bout d'un an, vous serez à 8916 et dans 3 ans, vous arrivez à 708.801 visites. Je vous laisse méditer sur ces chiffres. Prenez des euros et le résultat sera le même. Tout cela pour vous dire de persévérer, n'abandonnez jamais trop tôt, n'abandonnez jamais!

Emoji

Petite leçon de culture générale : *emoji, smiley, émoticône la différence ?*

Emoji : veut dire image-lettre en japonais. *Smiley*, la même chose en anglais. *Emoticône* est notre interprétation française.
Ce sont des pictogrammes utilisés dans la communication non verbale.

Émotion

J'ai eu envie de sortir ce mot de son contexte marketing pour le mettre ici. Simplement pour marquer votre esprit, vous dire qu'il est très important. Toute votre communication doit se faire avec les émotions pour toucher votre avatar. Utilisez les 5 sens, il ne restera pas insensible et devrait vous lire jusque-là fin de votre article, publicité, vidéo, etc.

E-réputation

Votre e-réputation c'est hyper important. C'est l'image que les internautes se font de votre marque. C'est votre notoriété. Votre image se construit par la communication publicitaire, par votre relation entretenue via les blogs, les forums, et ce que les internautes disent de votre marque.
Vous devrez surveiller les contenus, les commentaires et réagir rapidement aux contenus inappropriés.

Extension chrome

Si vous utilisez Google Chrome, ce sont des petits programmes qui permettent d'ajouter de nouvelles fonctionnalités à votre navigateur et de personnaliser votre navigation. Ils sont gratuits et peuvent vous faciliter la vie.

Evergreen

Vente de produits ou de formation en ligne tout au long de l'année sur pilote automatique.

Eye tracking ou oculométrie

Zones les plus vues sur un site, qui captent le mouvement des yeux. Le eye-tracking renseigne sur les zones phares du site.

Erreur 404

C'est un code d'erreur qui indique que la page web demandée n'a pas été trouvée. Le serveur renvoie donc une page qui affiche cette erreur 404, qui informe que la page recherchée n'existe pas ou plus. C'est pourquoi il ne faut pas supprimer une page sur votre site, car elle traine peut-être encore quelque part sur la toile, mais la relier vers votre page d'accueil si vous n'en avez plus besoin. De plus, Google pénalise votre référencement s'il rencontre ce genre de page.

Je vous donne des sites pour vérifier s'il existe ces erreurs, à faire absolument :

- la Search Console de Google : ttps://search.google.com/search-console/welcome
- ScreamingFrog : https://www.screamingfrog.co.uk/seo-spider/
- Brokenlinkcheck : https://www.brokenlinkcheck.com

FAQ

C'est la Foire Aux Questions : elle a pour but de faciliter la relation client en répondant facilement aux questions que l'internaute peut se poser. Il est judicieux de la compléter régulièrement avec les vraies questions de vos clients afin de limiter les appels intempestifs en back-office.

Faute d'orthographe ou phaute dortaugrafe ?

Là je suis obligée de sortir mon mouchoir. C'est la désolation totale. Il faudra que l'on m'explique : *comment peut-on faire professionnel avec un texte plein de fautes ?* Moi la première je fais demi-tour de suite, quand je vois un site plein de fautes. Je suis effrayée de voir que beaucoup de monde ne fait même pas l'effort, par respect pour son prospect ou client, de se relire, ou de se faire relire si ce n'est pas votre point fort. Si vous savez que vous avez des faiblesses dans ce domaine, prenez un relecteur, soit dans votre entourage, mais quelqu'un de confirmé sur ce sujet, soit vous payez quelqu'un. Quand je regarde dans les groupes privés, je constate que beaucoup ne font aucun effort pour progresser.
Commencez par acheter le Bescherelle, un dictionnaire en plus s'il le faut, et travaillez votre texte avant de le produire. Il n'est jamais trop tard pour rattraper votre retard. Si vous avez un doute, demandez. Quand je vois qu'un mot de DEUX lettres est écrit avec une faute une fois sur deux, il y a du travail. Le mot c'est « *ça* » et non pas « *sa* »... Faites un effort s'il vous plaît.

Montrez votre autorité ! Soyez professionnel pour que l'on vous admire. Vous pouvez être un excellent entrepreneur, même avec plein de fautes. L'un n'empêche pas l'autre. Déléguez juste votre point faible à la bonne personne. Pensez toujours à 5euros.com.
Vous pouvez être bon en orthographe, et faire des fautes d'inattention, ou des fautes de frappe. Pensez donc toujours à vous faire relire.
Un système simple avant de publier un texte, un post, mettez le sur www.bonpatron.com, votre texte en ressortira tout neuf, c'est-à-dire sans fautes !

Favicon

Vignette miniature de votre marque que l'on retrouve dans l'onglet du moteur de recherche pour identifier votre marque.

Fiche produit

C'est la page de description de votre produit sur le site. Pour un bon rédactionnel, elle ne doit pas décrire de suite le produit, mais les bénéfices produits. *Quelle est la promesse de votre produit ?* Vous devez séduire, expliquer et rassurer votre prospect dans son acte d'achat. Ensuite seulement vous écrirez les caractéristiques. N'oubliez pas de faire très attention à la description SEO de votre fiche.

Fichier CSV

Fichier Excel enregistré sous le format CSV, souvent pour importer des listes.

Flux RSS

C'est une ressource du www dont le contenu est produit automatiquement en fonction des mises à jour d'un site web.
Les flux RSS sont des fichiers XML (fichier texte) qui sont souvent utilisés par les sites d'actualités et les blogs pour présenter les titres des dernières informations consultables.

Formation

Commencez par lire des livres. Je vous ai fait une liste à la fin de ce livre. Investir en vous-même c'est vous faire grandir.

Commencez par « *Père riche, père pauvre* » : les riches choisissent de mettre leur argent dans quelque chose de rentable. Par exemple, le père pauvre va au cinéma, il ne se passe rien après. Le père riche va mettre son argent dans une formation qui lui procure des revenus ensuite.
En écrivant ceci, je constate que toutes mes dépenses ne sont qu'alimentaires ou en formations depuis plusieurs mois. Bientôt je pourrai retourner au cinéma ! Parce que j'aurai mis mon système en place avant, pour profiter ensuite du temps libre.
Participez à des masterminds. Suivez un mentor pour démarrer et non pas 5 en même temps. Choisissez-le selon vos affinités. Mais ne vous endettez pas pour acheter une formation. Achetez-là plutôt à plusieurs et garder surtout un peu d'argent pour lancer votre business.
Je souhaite juste souligner l'importance d'investir dans une formation pour avancer. Vous trouverez toujours un effet coup de boost quand vous investissez dans une formation ou un coaching. Le fait de s'engager dans un coaching/formation vous oblige à vous bouger et faire les choses. **C'est un acte d'engagement.** Quand on ne paye pas, on n'applique pas de la même façon. Et on n'obtient pas les mêmes résultats.
Parfois je voudrais offrir des formations à des ami(e)s, mais je ne le fais pas. Je leur demande de prouver leur intérêt en achetant mes connaissances. Pour l'instant aucun(e) ne l'a fait… et aucun(e) n'est passé à l'action. Sachez aussi que beaucoup de monde achète et ne finit pas sa formation.
Si vous souhaitez vous lancer dans la formation, allez voir le chapitre des métiers.

Je vous cite ici 2 plateformes de formation par abonnement :
Pour un abonnement < 20€/mois, vous avez accès à tout un panel de formation :

- Sytème io : http://bit.ly/2yIxQl9

- Libertflix : http://bit.ly/2Goj2MX

Fonds de formation

Vous savez certainement que toute entreprise cotise pour la formation continue. Selon votre situation, consultez absolument votre CPF (compte personnel de formation) pour voir si vous avez des heures de disponibles et les utiliser. Il y a des formateurs privés qui ont l'agrément pour leur formation. Demandez-leur avant d'acheter si leur formation entre dans ce cadre.

Front end

C'est toute la partie « *avant* » de votre boutique. Votre site vitrine. Contrairement au back-end. Il faut soigner votre front end, c'est la valeur perçue par le prospect.

Gestionnaire de publicité Facebook

C'est l'outil de Facebook pour les professionnels pour faire la publicité très ciblée et payante à partir de leur tableau de bord.
Une formation est possible avec la formation FB blueprint, mais le mieux est d'investir dans des formations car la publicité, si elle est mal maitrisée peut vous coûter (très) cher. Et ce n'est pas si évident que ça.
Vous entendrez peut-être parler du Power Editor, il a été supprimé il y a quelques mois, tout est intégré maintenant dans le gestionnaire de publicité.

Gratitude

C'est un mot que l'on connait tous. C'est pourtant un mot que j'ai redécouvert… et mis en application. Remerciez tous les jours, ayez de la gratitude, vous verrez qu'il se passe des choses très intéressantes.

Goodie

Objet publicitaire

Groupe Facebook

C'est un endroit où vous allez animer votre communauté. Faire en sorte de créer une tribu autour de votre personne ou votre produit.

Le plus souvent, les groupes sont privés, vous devez demander l'autorisation. Parfois vous devrez répondre à des questions, permettant ainsi au modérateur de faire le tri pour sa communauté.
Il faut savoir que depuis février 2018, Facebook ayant changé son algorithme, la propagation de votre post est très faible sur une page Facebook si vous ne payez pas. Entre 1 à 10 % de vos fans verront votre publication. Dans un groupe, la propagation du post n'est pas affectée. Mais plus il y a de commentaires et d'interactions, plus votre post sera viral.
N'ajoutez jamais plus de 10 personnes à la fois, sinon FB va vous bloquer.

Growth Hacking

C'est le fait de détourner gratuitement du trafic d'un site vers notre boutique. Le but est de récupérer du trafic gratuit avec différentes techniques, plus ou moins connues. Pour être au top, le mieux est de suivre plusieurs formateurs dans cette discipline :

- Jean-Luc Monteagudo de www.idee-marketing.fr
- Youri Vadislav de www.alphadropshipping.fr

Hashtag

Un hashtag est un symbole identifié par un dièse.
C'est un mot clé qui va permettre à un moteur de recherche de chercher ce que vous voulez. Il permet de relier du contenu qui fait référence à ce mot ou groupe de mots. Les tags seront ainsi visibles par le plus grand nombre d'utilisateurs et particulièrement par la personne qui cherche quelque chose en rapport avec ce #. Cela en fait un puissant levier de visibilité.

Exemple : #sacocheordinateur #liege #maroquinerie

Hater ou troll

Personne qui jette sa haine et son mal être sur votre site/blog/ FB, avec qui il est hors de question de discuter. Le mieux est de les ignorer car il est impossible de discuter avec eux. C'est

perdre votre énergie et votre temps.
À la rigueur, vous pouvez répondre avec un seul commentaire :

« *J'entends ton commentaire, mais si tu agis ainsi c'est que tu dois être mal au fond de toi-même. Je souhaite vraiment que tu trouves ton pourquoi, et si je peux t'aider en quoi que ce soit, je serai présent, sinon tu peux quitter dès maintenant ce groupe.* » En général, ils partent, mais ne répondez surtout pas ensuite. Jamais.

Header du site

C'est la partie supérieure d'un site qui comprend généralement les principaux éléments de navigation et qui reste visible sur toutes les pages, également en scrollant vers le bas de page.

HTML : Hyper Text Markup Language.
C'est le langage informatique du web. C'est un code Figé, non dynamique, visible par les robots.

Illectronisme

Manque de connaissance des clés nécessaires à l'utilisation des ressources électroniques (Cf Slate illectronisme). C'est pourquoi j'ai décidé de faire ce livre pour vous aider. Je ne suis pas de la génération informatique et je sais que vous êtes nombreux à être comme moi.

Influenceur

L'influenceur est souvent une personnalité avec un égo surdimensionné mais qui reste influent. Il est perçu comme l'ami qui va donner des conseils. Mettez en place une stratégie. Il peut vous apporter énormément de visibilité pour votre activité, et ça il le sait.
De manière générale, créez un vrai lien avec l'influenceur, intéressez- vous à sa personne, entrez dans son univers, créez une relation. C'est une personne avant tout qui aime les vraies relations. Et il/elle défendra mieux votre produit à la commercialisation.
On distingue 4 catégories d'influenceur :

- de 0 à 10.000 followers : l'ambassadeur
- de 10.000 à 100.000 : le micro influenceur
- de 100.000 à 1 million : le macro influenceur
- plus de 1 million : la célébrité.

Je rencontre régulièrement 2 cas d'école :

- Il faut le flatter afin d'installer une bonne relation de partenariat qui dure sur le long terme. Ne lui envoyez pas de mail directement, mais commencer par liker ses partages et les commenter, afin de vous faire remarquer. Ce sera plus facile ensuite de demander un partenariat. Quand vous lui ferez une demande officielle de partenariat, félicitez-le pour ses partages que vous aimez. Vous pouvez même donner un exemple. Faites lui une proposition en accord avec ce qu'il présente et ses valeurs. Vous pouvez exposer vos exigences de parution. Par exemple, prévenir dans la story pour teaser son public avant de faire le partage sur Instagram. Ensuite proposez une rémunération intéressante. Ceci est valable pour le macro-influenceur.
- La deuxième école : écrivez-lui directement par mail, comme quoi vous avez analysé son profil en accord avec vos souhaits. Et faites lui une offre concrète rémunérée (par exemple, offrir le produit et % sur les ventes). Vous serez surpris du nombre de réponses.

Comme on dit en marketing : TESTER !
De façon générale, définissez un budget pour les influenceurs. N'hésitez pas à négocier, le prix et le travail à faire. Déterminez un contrat type, soit réel, soit par mail. En général les influenceurs respectent les engagements.
Pour le micro-influenceur, une fois sur deux c'est lui qui vient à vous car il a besoin d'exposer des produits pour se faire connaître. Il est donc plus facile d'imposer vos exigences. Bien souvent la rémunération est un échange de produit.
Il existe des outils pour vérifier la qualité de vos influenceurs, si ses abonnés sont réels ou achetés, et le taux d'interaction sur ses posts : par *exemple* : https://hypeauditor.com/

Choisissez un influenceur selon la qualité de son audience, son public qui le suit en accord avec votre cible. Il y a essentiellement 3 vecteurs pour les influenceurs : Instagram, Snapchat et YouTube.
Vous pouvez passer par des agences d'influenceurs (budget minimum de 1000 €) :

- Shauna Events
- Vip Consulting
- Influence 4 Brands

Le marketing influenceur est un vecteur qui commence à prendre de l'ampleur, y compris avec les annonceurs.
Si vous cherchez une formation sur Instagram, voir celle-ci très complète de Franck Maes. (Mettre mon nom Ficheux en tant que parrain).

INPI

Institut National de la Propriété Intellectuelle. Si vous créez votre marque, il faut déposer votre marque pour la protéger. Tout se fait sur le site en ligne. Cela vous coûtera entre 200 et 300 €.
Avant de déposer votre marque, en plus de la recherche rapide sur le site de l'existence ou pas du nom de marque, vous pouvez faire une demande de recherche payante, pour 80 €, plus approfondie, et être rassuré sur votre sort. C'est ce que j'ai fait pour ma marque.
Sachez que, quand je tenais mon restaurant, qui s'appelait au départ « *Clochemerle* », les avocats de Gabriel Chevallier, l'écrivain du livre « *Clochemerle* » nous ont gentiment écrit pour nous faire changer de nom. Le nom que nous avions choisi était déposé. Nous n'avions pas vérifié. Nous ne savions pas… On apprend de ses erreurs… Maintenant vous savez.
Si vous déposez un concept, vous pouvez faire une enveloppe Soleau (15 €) pour dater votre création. À la place de l'enveloppe Soleau, vous pouvez également vous envoyer un RAR pour dater votre concept, mais surtout vous ne l'ouvrez

pas. Agrafez dessus ce qu'il contient pour vous y retrouver.

Keynote

Un keynote est une petite conférence avec un impact de message important. C'est Steve Jobs qui a initié ces petites conférences.

Landing page

C'est la « page d'atterrissage ». Votre prospect a cliqué sur une de vos publicités, qui l'envoie sur votre site. C'est la page que vous avez choisie. Elle doit être une page de vente. Nina Habault vous forme à bien écrire votre landing page : http://bit.ly/2QyhbrH

Lancement orchestré

C'est le lancement de la vente d'un infoproduit en 4 temps par 4 vidéos de ventes, qui ne se fera qu'une fois dans l'année, suivant la structure AIDA. Il dure peu de temps, en général une semaine et doit ramener un maximum d'argent. Les vidéos commenceront par une intrigue, apporteront des témoignages pour finir par la vente.

Leadmagnet

Littéralement « *aimant à prospect* ».

Vous offrez un guide sous forme de pdf, ebook, en échange d'une adresse email. Il doit être lu en dix minutes maximum et délivre un contenu à valeur ajoutée, qui doit donner envie au prospect d'en savoir plus sur votre marque.

Lead nurturing

C'est un ensemble de techniques consistant à « *couver* » un prospect jusqu'à ce qu'il arrive à maturité ; c'est-à-dire apte à effectuer un achat.

Pour cela, il faut établir avec lui une relation de confiance par le biais de différents canaux marketing : emailing, content ou Inbound marketing, réseaux sociaux, SEO, évènements, etc.

Lecture

Elle fait partie du socle de la dynamique pour réussir. Si vous n'avez pas l'habitude, commencez par des livres « *faciles* » à lire et à comprendre. Je vous ai donné quelques pistes dès le départ de ce livre. Commencez par là. Vous verrez que vous finirez par prendre plaisir, cela deviendra même addictif. Investissez sur vous-mêmes, grandissez-vous. La suite de la liste des livres à lire est à la fin du livre !

Liens entrants et sortants

Il existe 2 types de liens : les liens entrants (ou backlinks) et les liens sortants (externes).

Ils sont extrêmement importants pour le référencement SEO. Google leur accorde beaucoup de valeur. Vous devez en avoir sur toutes vos pages principales. Dans les liens externes, vous trouverez : vos partenaires, des définitions de mots, des fournisseurs, des sites d'amis experts dans la thématique.

Dans les liens entrants, vous trouverez aussi des partenaires, des réseaux sociaux, des médias sociaux, des forums spécialisés, des blogs spécialisés, des annuaires de thématiques, des sites d'évènement, des portails thématiques, l'annuaire local.

À vous de chercher et favoriser votre référencement !

Ligne de flottaison

C'est une ligne imaginaire qui est la limite inférieure de l'espace vu par l'internaute qui consulte une page web, sans que l'on ait besoin de faire défiler la page.

Livre

J'ai appris que pour faire connaître sa marque c'est bien d'écrire un livre. Mais un livre sur les sacoches, ce n'est pas top. Peu de temps après je vais à une conférence avec des keynotes dont une sur « *Comment écrire votre livre ?* » Décidément…

Mais je savais déjà ce que j'allais écrire dans ce livre, ce que j'aurais bien aimé trouver ! Aider les autres à décrypter grâce à mon expérience.

Pour le commercialiser, vous pouvez faire des e-books, le mettre en vente sur les réseaux sociaux, faire imprimer vos livres en auto-édition, vendre sur Amazon (Amazon prend sa commission), ou passer par une maison d'édition.

- L'auto-édition : vous imprimez votre livre vous-même, de l'unité à des centaines d'unités, et vous commercialisez vous-même. Les revenus du livre sont pour vous. Vous pouvez vendre en direct sur Amazon via le KDP Amazon, qui vous prendra bien sûr des commissions.
- Passer par un éditeur : l'éditeur s'occupe de la mise en page, de l'édition et de la promotion. Il va rendre votre livre visible dans toutes les librairies. Dans ce cas, vous toucherez entre 5% à 10% des ventes. Plus de 50% des livres se vendent en librairie.

Pour choisir la formule, tout dépend de votre objectif, de votre liste existante. Sachez juste qu'en passant par un éditeur, vous cherchez avant tout la notoriété. Vous cherchez un statut « *d'auteur* ». Mais surtout pas l'argent du livre. Par contre avec cette notoriété, vous pourrez vendre plein de formations derrière... nettement plus rentables que le livre. C'est là que vous gagnerez l'argent. Valable surtout si vous êtes infopreneur.

Il vous faudra absolument faire relire votre livre par un professionnel et non pas que votre famille, afin de corriger les fautes et la syntaxe.
Si vous n'êtes vraiment pas doué pour l'écriture, vous pouvez déléguer la tâche sur une plateforme de rédaction de contenu telle que : www. greatcontent.com/fr
N.B : Pour être en tête des ventes chez Amazon, il faut vendre au moins 500 livres par jour.

Loi de l'attraction
Vous savez que dans l'univers, tout est énergie. Notre corps est énergie. La loi d'attraction découle de la nature énergétique du corps humain et de l'univers. Vous pouvez influer votre vie avec la loi énergétique d'attraction. La loi de l'attraction part du principe que tout ce qui vous arrive, que ce soit positif ou négatif a été attiré par vous-même. Il n'y a que trois principes de

base : demander, croire et recevoir.
Je ne compte plus le nombre de choses mises en place par cette loi. Certains parleraient de hasard. N'empêche, ce que je mets en place se concrétise un peu plus chaque jour et s'accélère.
Tout ce que je sème depuis près de 2 ans est en train de jaillir en cette fin d'année 2018. Comme un long processus qui se met en place tout doucement…

Loi de la réussite

Intéressez-vous au marketing et au développement personnel.
Vous entendrez parler des lois du succès. Intéressez-vous à tout ceci.
Napoléon Hill vous parlera des lois du succès. Voir ses livres.
Vous apprendrez que la vitesse, la constance, la confiance, les priorités contribueront à votre réussite.

Longue traine

C'est une association de mots clés principaux et mots clés secondaires.

LTV : Long Time Value

C'est la valeur monétaire d'un client tout au long de sa vie. C'est très important de bien travailler ce point.

Marketing automation

Cela correspond à tout le marketing mis en place en automatique, par les tunnels de vente notamment. Une fois que vous avez mis votre formation sur la plateforme dédiée, lancé vos publicités, les ventes tombent… en automatique !

Market place ou place de marché

C'est un site de commerce en ligne, qui ouvre ses portes à des vendeurs tiers.
Le principe est simple : vous mettez vos produits en vente sur la marketplace et celle-ci prend une commission sur vos ventes. Choisissez votre marketplace en fonction de votre thématique, de vos prix et de votre avatar.

- *Amazon* : C'est bien sûr la plus connue. Il en existe des dizaines d'autres, sur plein de thématiques. Elle vend ses produits mais aussi les vôtres, neufs ou d'occasion. Tout le monde peut vendre sur Amazon. Attention : si vous faites de l'ombre à Amazon avec votre produit qui marche très fort, ils peuvent vous retirer la vente de ce produit. Vous pouvez aussi gagner de l'argent via de l'affiliation avec Amazon en touchant une commission sur la vente de leurs produits.
- *Rue du commerce*
- *Zalando*
- *La redoute*
- *ManoMano*
- *La Fnac*
- *Ebay*
- *Cdiscount*
- *Dreamact* : une belle market place éthique, qui vous donne des conseils pour consommer mieux pour notre belle planète, et gérée par une équipe dynamique où je vends mes produits.
- *Chic* Adepte Market est une plateforme partenaire des créateurs et boutiques indépendants, permettant de découvrir des savoir-faire incomparables.
- *Etsy* : grosse Market place de créateurs.
- *Amplify* : j'aimerais faire connaître une nouvelle solution française de mise en avant sur des markets places gérées par leurs soins. Soit vous prenez un abonnement pour mettre vos produits et être vus. Soit vous pouvez déléguer des campagnes marketing sur des visiteurs qualifiées. www.amplify. com.
- Un autre moyen de faire du BtoB est avec les Comités d'entreprise. Il faut savoir qu'une nouvelle Marketplace est en train de voir le jour pour un lancement prévu en mars ; elle a commencé à se remplir de tous les fournisseurs (payant), et les CE (gratuits). L'objectif étant de les mettre facilement en rapport les uns avec les autres. Il s'agit de : CE Center Shop.

Certaines sont en libre accès pour s'inscrire, comme Amazon. Pour d'autres, vous devrez postuler pour pouvoir vendre : La Redoute par exemple. Celle-ci m'a redirigé vers une autre plateforme plus adaptée à mon produit. Vous pouvez aussi mettre votre stock chez Amazon et ainsi faire gérer la logistique par leurs soins. Dans ce cas, on parle d'Amazon FBA. Ils ont des tarifs de livraison très compétitifs. Cela suppose que vous avez de l'argent pour pouvoir faire du stock. C'est la solution pour compenser les problèmes de lenteur de livraison en dropshiping en provenance de Chine. N'oubliez pas que les clients appartiennent à Amazon, pas à vous.
Un des spécialistes sur les formations Amazon FBA est Yannick Chastin.

Marketing Opérationnel

Il désigne tous les moyens utilisés (communication, promotion, publicité, marketing direct) pour atteindre les objectifs définis selon votre plan de stratégie. Ce sont toutes les petites actions mises en place à court terme, qui devront s'adapter en fonction de votre marché et des analyses. Ces actions doivent tenir compte de votre produit, vos prix, vos canaux de distribution, et de votre communication, mais aussi de votre marque, de vos clients, de vos concurrents, de votre contexte, et avec qui vous mettez le tout en place.

Marketing social ou social media marketing

C'est tout ce qui appelle à la participation du prospect ou client. Il devient consom'acteur.

Marketing stratégique

C'est la vision globale du développement de votre entreprise. C'est la mise en place de votre stratégie marketing qui se basera sur les besoins de votre niche, de la concurrence, de l'analyse du marché. De là vous mettrez en place des objectifs et des actions. Le but est de fidéliser votre clientèle.

Marketing viral

C'est la propagation d'un post sur les réseaux sociaux (un

contenu qui a été massivement partagé), que ce soit personnel, volontaire ou par la participation à des concours.

Marque

Si vous créez votre marque, déposez là pour la protéger auprès de l'INPI (Institut national de la propriété industrielle). Vous faites cela en ligne, c'est simple. Il vous en coutera 210 € pour la France. N'oubliez pas de vérifier avant si c'est déjà déposé ! Pour déposer au niveau Européen, c'est plus cher et plus compliqué.

Mastermind

On peut dire en français que c'est une Académie, un lieu de rencontres, de partages de connaissances organisé par une personne dans une thématique ou plusieurs thématiques réunies. Mon premier séminaire fut celui de Maxence Rigottier : B.I.O. (Business en or) avec une douzaine d'orateurs. Il a bien changé mon projet. Depuis j'en ai fait plusieurs, sur différentes thématiques, business webmarketing, argent, immobilier, développement personnel.
Si vous voulez grandir c'est indispensable d'y participer. Vous aurez toujours un retour sur investissement supérieur à votre investissement.

Médias

Pour vous faire connaître, vous pouvez travailler avec des régies publicitaires qui travaillent avec des médias nationaux. Ils ont tous leurs réseaux de communication en place.
Vous pouvez faire des encarts publicitaires, ou des articles sponsorisés.

Groupe M6 Web avec :
radins.com, presse-citron.com, passeportsante.net, fourchette-et-bikini.fr, cuisineaz.com, etc.

Amplify :
uncadeau.com, pourbebe.com, jeveuxdesbijoux.com, pourlamaison.com, archigourmet.com, achetezmoi.com. C'est une offre par abonnement pour un certain nombre de produits,

les tarifs sont vraiment accessibles.

https://www.taboola.com/fr
https://www.outbrain.com/fr/
https://www.ligatus.com/fr

Métadescription

Elle a pour objectif de décrire le contenu de la page sans apparaitre dans celle-ci, ceci afin d'augmenter votre référencement SEO. Il ne faut surtout pas la négliger.

Mindset

Tout simplement « *l'état d'esprit* » en français. Qui doit forcément être positif sans « *machine à mais* ». C'est la capacité à sortir de sa zone de confort et mettre tous les moyens en œuvre pour avancer, que ce soit en temps, en argent ou en formations.

Mockup ou moke up

Réplique fidèle d'un produit ou d'un emballage souvent utilisée pour de la publicité, ou toute autre présentation visuelle.

Mots à bannir

Sur Facebook, vous pouvez enregistrer des mots que vous ne voulez pas voir en commentaires pour éviter avant tout les commentaires des haters.
Voici une liste de mots à recopier dans votre page Facebook dans la rubrique des mots à bannir (ou charger le pdf ici : http://bit.ly/2MQJrYV ou via ce QRcode :

mentir, moche, bite, dabber, qworld, censure, macron, boomdirect, blague, douilleur, baltringue, détourné, blablabla, chelou, baratin, ringard, supercherie, piege, pieges, comique, immonde, douille, hoax, proiteur, proiteur, imbéciles, plumer, keke, kéké, dtc, connasse, scam, branlette, cashbackmarketing, crapaud, guignol, guignols, manipuler, miracles, prestidigitateurs, prestidigitateur, rsi, myadvertisingpays, culotte, suicide, suicides, suicider, doute, imposteur, orthographe, racolage, avare, miracle, parlotte, stop, putain, prestidigitateurs, miracle, miracles, piquer, obsession, *ptdr, pfff, pédophile, marabout, fainéant, fainéants, mensonger, trompeur, thunes, polluer, obsession, obsessions, killer, pseudo, poubelle, polluer, verbiage, douteuse, enfumer, arnaquer, gourou, soulant, tapin, branle, forcing, forçing, branles, politicard, escrots, escrot, beurk, marre, n'impnawak, mirage, mirages, gamelles, jawad, claques, terrorisme, syrie, lybie, attentat, attentats, bombe, terroriste, dégage, charlatanisme, nul, gay, bouffon, religion, scandale, truander, truand, méier, méiez, pyramidal, pyramidale, pyramide, foutriquet, éthique, pirate, prêt, loto, ptg, fdp, fric, abrutis, esclavagiste, esclavage, troie, secte, sectes, escro, escros, delire, delires, voyant, medium, moisi, moisie, moisies, moisis, taule, indécent, marmotte, magouille, magouilles, parasite, parasites, farce, couille, couilles, larnaque, gogo, gogos, cul, mensonge, mensonges, culs, fouttre, con, mytho, merde, pute, poop, connerie, pitoyable, minable, nigaud, voler, voles, vaudou, ridicule, connard, crétin, crétins, parasite, parasites, pipo, pipeau, bullshit, mytho, mythomane, gueule, enculer, chier, vomis, enculé, mdr, couillon, couillons, fake, con, cons, pognon, soutire, soutirer, soutir, pigeon, pigeons, naze, nazes, saoule, saoûle, spamming, harceler, harcèlement, harcelez, spammez, publicité, publicités, spammer, pub, spammeur, pubs, fout, foutre, escroquerie, mlm, arnaq, prison, condamné, censure, censuré, censurer, escroc, escrocs, escroque, escroquer, arnaque, arnaques, arnaqueur, arnaqueurs, charlatan, charlatans, charlatanisme, menteur, mensong, fake, preuv, spam, rembours, merd, http, osef, facebook.com, www., voleur, voleurs, voler, penis, pénis, merde, vomi, vomir, dégueuler, dégueulasse, escroquerie, escroqué, connerie, conneries, acn, dalouze, arnarquer, cons, blabla, bla, pigeonner, pigeonnant, chie, marmotte, bidon, vaseline, niquer, niquent, nique, chiant, chient, emmerd, emmerder, emmerdant, emmerde, emmerdent, merdes, scrupuleux, scrupule, scrupules, honte, honteux, putaclic, arnaque, chinois, chine, arnaques, merde, dropshiping, dropshipping, dropshiping, dropshipping, 1€, 2€, 3€, 4€, 5€, 6€, 7€, 8€, 9€, 10€, ali, aliexpresse, aliexpress, alibabaalibaba, lidle, carrefour, auchan, leclerc, fournisseur, fournisseurs, daube, connerie, conneries, honte, honteux, doute, douteux, sceptique, exportation, l'exportation, ishing, mécontent, mecontent, pascontent, connard, con, débile, inutile, décu, déçu, déçus, décus, camelotte, bassequalité, attention, nul, piège, piéger, asie, arrêter, moche, moches, débile, ebay, amazon, cdiscount, escroc, escro, escros, wish, geek, aliexpress, scam, chinese, china, scams, shit, whore, motherfucker, motherfucker, dropshiping, dropshipping, dropshiping, dropshipping, 1$, 2$, 3$, 4$, 5$, 6$, 7$, content, asshole, con, moron,* *useless, disappointed, disappointed, asia, stop, ugly, ugly, stupid, ebay, amazon, cdiscount, crook, escro, escros, wish, geek, aliexpress ,nul, déçu ,je le deconseille fortement, tres decu, peak design, copie, ça marche pas, ca marche pas, pas recu, pas reçu, ma commande du, aucune réponse, pas de réponse, j'y crois pas, je n'y crois pas, les poils ne s'enlèvent pas, c'est pas terrible, ma commande, pas reçu, pas recu, pas reçue, pas recue, jamais recu, jamais reçu, jamais recue, jamais reçue, pas terrible, gant mapa, voleurs, voleur, arnaque, arnaqueurs, arnaqueur, marche pas, fonctionne pas, pas comme sur la vidéo, pas comme la vidéo, mon chat a peur, mon chat à peur, ça ne marche pas, herbe, beurre, croquettes spéciales, aout, septembre, octobre, novembre, décembre, pas très efficace, ça n'en enlève pas, moins cher, rien reçu, grande surface, pas de réponses, aucune réponse*

Mot clé ou keyword tool

Votre audience vous trouvera grâce aux moteurs de recherche, le plus souvent grâce aux mots clés que vous allez utiliser judicieusement. Pour les trouver, des outils s'offrent à vous. Voir dans la rubrique outils : trouver des mots clés.

Native advertising

Le native advertising désigne un type de publicité qui par sa forme, son emplacement et son contenu ressemble et s'intègre fortement aux contenus diffusés habituellement par le site support qui la diffuse. Il permet une meilleure efficacité publicitaire.
Ce sont des régies publicitaires. Voir « *Médias* » ou dans les outils à Native advertising.

Netlinking

Stratégie marketing permettant d'optimiser son référencement naturel avec des liens entrants et sortants.

Networking

Le réseau est une étape fondamentale. Il contribue à votre succès. Et il vous évite d'être seul. C'est dans les réseaux que vous pouvez trouver vos futurs collaborateurs, vos stagiaires. Pensez aux réseaux d'entrepreneurs dans votre secteur géographique, faites-vous connaître. Pensez aux CCI, inscrivez-

vous et recevez leur newsletter qui vous annonce les évènements, les formations gratuites.
C'est lors d'un évènement cannois, Cannes is Up, que j'ai trouvé ma photographe, et que j'ai pu développer mon réseau MLM de façon exponentielle.
Inscrivez-vous sur Meetup, Local, Eventbrite, Evènements FB.
Pour cela, soignez votre branding, vos bios sur vos réseaux sociaux. Vous devez faire bonne impression. Échangez sur les réseaux sociaux avec les leaders dans vos domaines. Likez, commentez, partagez, proposez une collaboration. Cherchez les meilleurs blogs, podcast, et commentez. Faites-vous une liste dans Evernote de votre cercle social.
Et surtout, sachez donner sans recevoir. Donnez de la valeur, laissez faire. Les gens et l'univers vous le rendront. Sachez travailler gratuitement et faites des collaborations ; vous serez surpris de l'endroit où cela vous emmènera.

Niches rouges et oranges

Quand vous faites une publicité chez Facebook, faites attention que votre thématique ne se situe pas dans des niches sensibles que Facebook a appelées niches rouges et oranges.
Les niches rouges concernent le sexe, la prostitution, les armes, etc. Les niches oranges concernent l'alcool, le poids, etc.

Nom de domaine

C'est le nom de votre site, en général votre nom de marque que vous devrez acheter, de préférence sur une plateforme externe à votre CMS (exemple : OVH). Cela ne coûte pas cher. Le fait de rester extérieur à votre CMS vous permettra de garder votre nom en toute liberté. On peut dire que c'est l'équivalent de votre adresse postale. Voir dans les outils pour choisir votre plateforme.

Newsletter

Elle se différencie du e-mailing par son caractère périodique, en fonction de l'actualité. Elle a pour but d'interpeller votre client. Il faut donc soigner votre accroche et surtout lui apporter du contenu de valeur. Si vous envoyez une newsletter juste pour

dire « *regardez mon produit il est magnifique et en plus je vous fais 20 % dessus ! »*, elle n'a aucun intérêt. 99 % de chance qu'elle ne soit pas lue et ce n'est certainement pas ainsi que vous fidéliserez vos clients autour d'une communauté dans laquelle ils auront envie de se reconnaitre.
Gardez en tête qu'un bon taux d'ouverture de mail est de 15 % à 30% et un bon taux de clic vers le lien de votre site est entre 1 à 3 %. Avant d'envoyer mes premiers mails, j'ai pris des cours de copywriting avec des bons copywriters (voir la rubrique métiers). Je suis pourtant partie sur du trafic froid avant l'ère RGPD, j'ai des taux d'ouverture qui oscillent entre 45 % et 70 % selon les sujets (moyenne de 60 %). Je dois certainement avoir de bonnes accroches qui donnent envie de lire et de bons sujets. Et mes taux de clics sont entre 1 et 3 %.
Quant à la fréquence, les pros vous diront *« tous les jours »* pour fédérer une communauté !

Objectif

Un objectif est la mise en place d'une action à court terme. Il est souvent défini avec l'acronyme S.M.A.R.T.

- Spécifique : le résultat doit être attribué à une action particulière.
- Mesurable : le résultat obtenu doit pouvoir être mesuré de manière précise et indiscutable.
- Acceptable : l'objectif fixé doit être accepté par les parties.
- Réaliste : le réalisme de l'objectif est nécessaire à l'adhésion et à la poursuite des efforts entrepris pour l'atteindre. Pas d'objectif qu'il ne soit pas possible d'atteindre.
- Temporellement défini : une date ou un délai doit être prévu pour l'atteinte de l'objectif.

One click upsell

C'est le fait de présenter un produit à acheter au client juste après son achat. Sur Click Funnel il n'a même pas besoin de remettre sa carte bancaire.

Optin
Le fait de laisser son mail.

Order bump
Un order bump est une offre promotionnelle représentée par une petite case à cocher proposant un service ou un produit complémentaire pour augmenter votre panier moyen.

OTO : One Time Offer
C'est une offre commerciale que l'on ne présentera qu'une seule fois en vente additionnelle, afin de pousser le prospect à l'acte d'achat. L'offre que le prospect ne peut refuser…

Outsourcing
Moyen pour booster drastiquement votre productivité et concevoir une entreprise qui tourne sans vous. Utiliser ce levier pour automatiser votre entreprise.

Overdelivery
Donner plus que la promesse annoncée.

OVH
Plateforme d'hébergement de nom de domaine et d'adresse mail professionnelle.

Page de capture
C'est un formulaire préparé pour récupérer les coordonnées mails de votre prospect, mis sur une page de votre site ou de votre tunnel de vente, vous donnant l'intention de le laisser.

Page d'optin
C'est pareil que la page de capture d'email.

Page de vente
C'est votre page avec votre copywriting qui poussera votre prospect à l'achat. On l'appelle aussi tunnel de vente. Pour vous former à la page de vente, formation de Maxence Rigottier :

http://bit.ly/2D0aDhs.

Franck Rocca : http://bit.ly/2RvHHCd

Mais également des copywriters :

Stanislas Leloup : http://bit.ly/2FAySpd

Fabien Bonneau : http://bit.ly/2FcLBOL

Passion

Vous aimeriez vendre une formation sur le web, mais vous ne savez pas quel domaine choisir. Cherchez dans vos passions, vous trouverez bien une idée et ensuite approfondissez votre sujet… et lancez-vous !
Cela s'applique pour le e-commerce : si vous avez une passion, vous serez prolixe sur le sujet, vous pourrez mettre facilement en place des mails pour aider votre communauté sur votre passion. Ils verront qu'ils ont affaire à quelqu'un de passionné et vous les fidéliserez facilement.

Pattern interrupt

C'est le temps d'attention maximal avant de perdre le prospect ou client.

Persuasion

Ce sont des techniques de marketing indispensables à connaître pour faire évoluer votre business.

Le livre obligatoire à lire qui vous expliquera très bien cela, c'est celui de Roberto Cialdini : « *Pré-suasion* ».
Passons en revue brièvement les principes :

- ***Réciprocité*** : dans ma vie, j'applique tout le temps la réciprocité : donne et l'univers te le rendra. Dans mes tâches journalières, souvent bien chargées, je prends toujours le temps d'aider mes collègues qui en ont besoin. Ce n'est jamais une perte de temps, car je sais que je récupérerai quelque chose en retour. Et je peux vous dire qu'au moment où j'écris ce livre, je commence à avoir des retombées de ce que j'ai donné. Dans votre marketing, donnez, offrez de la valeur, du contenu, des cadeaux. Par ce principe de réciprocité, les gens se sentiront redevables envers vous et vous achèteront vos produits ensuite.
- ***Engagement et cohérence*** : vous devez engager vos prospects/clients, les faire participer. Et dans tout ce que vous présentez, vous devez avoir une ligne éditoriale à respecter, une charte graphique à respecter. Votre prospect doit se reconnaitre dans votre univers.
- ***Preuve sociale*** : apporter des témoignages, des commentaires récoltés et à montrer à vos clients pour les rassurer et les aider à passer à l'action..
- ***Autorité*** : il faut prouver votre valeur pour vous imposer. Bien sûr, quand vous démarrez, vous n'en avez pas. Il vous faut construire votre autorité à partir de votre preuve sociale.
- ***Sympathie*** : donner ce que tu peux aux autres.
- ***Rareté*** : si vous créez de la rareté, les personnes se sentiront dans l'obligation d'acheter maintenant car après il sera trop tard.

Tout ceci passe par de la *présuasion* : tout en discutant avec votre prospect, vous glissez des messages dans son subconscient, et ils feront leur chemin.

Perfection

Sachez que le mieux est l'ennemi du bien. Vous n'atteindrez

jamais la perfection. Évitez de vous perdre dans les détails mais passez à l'action ! Vous fignolerez quand votre shop/blog sera lancé.

Pixel image

Le pixel (souvent abrégé px) est l'unité de base permettant de mesurer la définition d'une image numérique matricielle. Il sert aussi à définir la taille de votre image que vous devrez inclure dans votre site ou pour vos posts sur les réseaux sociaux. Vous aurez souvent des tailles à respecter pour le bon rendu de votre image selon les supports.

Pixel Facebook

Le pixel Facebook est un outil d'analyse qui vous permet de mesurer l'efficacité de votre publicité en suivant les actions entreprises par les personnes sur votre site web. Vous pouvez utiliser les données du pixel pour :

- Vous assurer que vos publicités sont diffusées auprès des bonnes personnes.
- Développer des audiences pour vos publicités.
- Profiter des outils publicitaires supplémentaires de Facebook.

Plug in

Programme qui interagit avec un logiciel principal pour lui apporter de nouvelles fonctionnalités.

POD : Print On Demand

C'est le fait de faire imprimer à l'unité, à la demande, un design créé par nous-même en méthode dropshiping. Voir dans les outils. C'est souvent très rapide entre le design et la mise en ligne. Cela permet de proposer des produits uniques. On vend avant tout de la créativité.

Pop-up

Un ou une pop-up parfois appelée fenêtre intruse ou fenêtre surgissante, est une fenêtre secondaire qui s'affiche sans avoir

été sollicitée par l'utilisateur devant la fenêtre de navigation principale lorsqu'on navigue sur Internet. Elle sert à augmenter un taux de conversion, soit pour capter un mail, soit pour augmenter les ventes via une offre.
L'exit pop-up est la fenêtre qui s'affiche au moment où vous voulez quitter le site.

Power Editor
Outil du gestionnaire de publicité de Facebook qui n'existe plus. Tout passe maintenant par le gestionnaire de publicité.

Preuve sociale
La preuve sociale est un principe de sociologie. Selon ce principe, un individu ne sachant quoi faire ou quoi penser, aura tendance à adopter le comportement ou le point de vue d'autres personnes. Il vous faudra rassurer votre client avec des témoignages venant de vos clients. Si vous faites de la formation, mettez si vous le pouvez des photos de vous en conférences ou autre.

Problème
Il n'y a pas de problème, il n'y a que des solutions. C'est tout.
Un exemple ? Au moment où j'écris ces lignes, je viens d'avoir la validation pour prendre une boutique à Lyon (une opportunité que l'on m'apporte sur un plateau), en sachant que nous sommes au 1er novembre, période de pré-fêtes et qu'il serait navrant de laisser passer cette belle opportunité de démarrer. Cette boutique est arrivée à moi en avance sur mon timing. J'habite encore à Cannes, j'avais prévu de partir sur Lyon en décembre. Il me faut donc tout gérer à distance, finir les travaux, l'aménagement de la boutique, chercher des créateurs, chercher un logement, et le déménagement.
Et ceci arrive au moment où, après 2 mois d'attente, notre grossiste pour mon deuxième site est enfin prêt informatiquement pour que l'on puisse lancer le deuxième business en ligne. Il va falloir prioriser.

Procrastiner

J'insiste pour le mettre dans le vocabulaire pour ceux qui n'auraient pas lu avant. C'est retarder le passage à l'action, car vous essayez de vous trouver toutes les excuses du monde. Il n'y a aucune excuse en dehors d'un problème d'organisation à remédier ou votre peur à enlever. Si cela peut vous aider, sachez que le doute et la peur cessent quand vous agissez (méditez-le pour passer à l'action).

Profession réglementée

Vous exercez une activité réglementée (débit de boissons, etc...), vérifiez que vous remplissez bien les conditions requises (diplôme, qualification professionnelle) pour obtenir l'agrément ou l'autorisation nécessaire à l'inscription au Registre du Commerce et des Sociétés. Adressez-vous aux organismes professionnels ou syndicat, ou la mairie.

Promesse

Travaillez bien votre promesse : ce que vous allez proposer à votre client pour qu'il vous lise/écoute et quel bénéfice il va en retirer.
La promesse s'applique partout : dans vos publicités, vos webinaires, vos conférences, etc.

Proposition de valeur

Attention, ce n'est pas le slogan ! C'est la promesse de la valeur que vous allez délivrer à vos utilisateurs. Elle est la raison principale pour laquelle vos clients, vos prospects vont décider s'ils doivent lire la suite (de votre site, de votre article de blog) pour acheter vos produits.

Prospect : chaud ou froid

Un prospect est une personne que vous courtisez mais qui n'a jamais acheté chez vous. Soit vous allez la chercher directement avec une publicité ciblée : prospect froid. Soit elle a déjà manifesté un intérêt pour votre marque en s'inscrivant à votre newsletter, ou en ayant déjà visité votre site : prospect chaud. On va la retoucher avec du mailing ou du retargeting. Le coût d'achat d'un prospect froid est souvent plus cher qu'un prospect chaud.

Publicité Facebook, Instagram et Messenger

Il faut savoir que vous pouvez faire de la publicité payante avec Facebook, avec un ciblage très précis de votre avatar. C'est un moyen très puissant quand il est très bien utilisé. Pour cela il faut absolument vous former. Soit avec la formation Blueprint gratuite de Facebook, soit auprès de formateurs confirmés. Si vous ne maitrisez pas la publicité, vous pouvez perdre beaucoup d'argent sans faire beaucoup de ventes en plus, surtout depuis le nouvel algorithme de février 2018. Il vous faudra maitriser le gestionnaire de publicité. Vous pouvez toutefois démarrer par des boost de post plus simplement. Sachez qu'Instagram et Messenger appartiennent à Facebook, vous pourrez donc faire vos publicités sur Instagram et Messenger à partir du même gestionnaire de publicité.

Expert Facebook : Franck Rocca :
http://bit.ly/2RvHHCd

Experts Instagram :

- Franck Maes (noter Ficheux dans le code)

- Jean Luc Monteagudo :
- www.idee-marketing.fr

PVU : Proposition de Valeur Unique

Voir USP.

Raccourcisseur de lien

Vous pouvez avoir besoin de glisser un lien dans une publicité et vous avez peu de place. Ou alors votre lien est très long et pas esthétique. Sachez que vous pouvez raccourcir le lien via des outils. Ils sont gratuits. Avec Bitly, vous pouvez même tracker le nombre de clics que vous avez eu sur ce lien. Statistique intéressante pour voir l'efficacité de votre lien.
www.bitly.com

https://goo.gl/

Rassurance

C'est bien connu, le client a peur d'acheter quand il ne connait pas. La peur dépasse le plaisir. Il faudra le rassurer et lever ses angoisses. Présentez lui tous les bénéfices du produit, et pourquoi pas ce qu'il rate s'il n'achète pas votre produit. Pour augmenter votre rassurance, veillez à mettre en évidence une garantie satisfait ou remboursé, les icônes de sécurité de paiement, votre livraison suivie, des explications sur la valeur de votre produit, vos mentions légales pour montrer que votre société existe bien, un numéro de service client.

Réciprocité

Un des grands principes marketing de persuasion, c'est le principe de réciprocité : Donner du contenu gratuit, votre prospect aura une dette psychologique et finira par vous acheter un produit.

Référencement

Le référencement naturel ou SEO (Search Engine Optimization), englobe l'ensemble des méthodes et techniques qui visent à positionner les pages web de votre site internet dans les premiers résultats naturels des moteurs de recherche. Il peut être naturel ou payant.
Chez Google, on parle de SEO (gratuit) ou SEA (payant). Mais il s'applique à tous les moteurs de recherche.

Rescue

Les leurs de Bach, vous connaissez ? Pourquoi vous trouvez ça ici ? Parce qu'être entrepreneur c'est prendre des décisions, et vous ne savez jamais à l'avance si ce sont les bonnes. J'ai connu quelques périodes de stress, notamment à l'arrivée du stock, au lancement des publicités, et pour calmer les nœuds à l'estomac, le Rescue est votre secours moral tout à fait inoffensif mais qui vous fait du bien ! Toujours avoir un petit flacon chez soi.

Réseau
Voir Networking

Réseaux sociaux
Ce sont des leviers marketing importants. Quelques chiffres :
Facebook : 2 milliards dans le monde, 26 millions de personnes en France
Instagram : 800 millions dans le monde.
Snapchat : plus pour les jeunes
YouTube : c'est aujourd'hui un moteur de recherche comme Google. Il est aussi puissant que lui.
Linkedin : le réseau social des professionnels.

Résilience
C'est la capacité à réussir à vivre et à se développer de façon positive en dépit du stress ou d'une situation qui comporte normalement un risque grave d'une issue négative. Ce sera votre faculté à rebondir face à cette situation délicate.

Responsive design
Un site responsive design est un site qui s'adapte automatiquement à n'importe quelle taille de support : ordinateur, tablette, téléphone. Aujourd'hui votre site doit obligatoirement être responsive design si vous ne voulez pas perdre de client.

Retargeting ou recyclage publicitaire
Le re-ciblage publicitaire consiste à afficher des messages publicitaires sur un site internet après le passage d'un individu qui a fait preuve d'un intérêt particulier pour un produit sur un autre site. Il n'a pas concrétisé l'acte d'achat. Des images de fiches produits vus lui sont donc représentées. Le retargeting peut également être utilisé pour présenter un message plus général à des individus n'ayant pas été jusqu'à la fiche produit, pour relancer des individus ayant abandonné un panier d'achat ou pour des ventes complémentaires auprès des acheteurs. Ce retargeting est possible grâce aux cookies déposés sur le site et acceptés de la part de l'internaute.

RGPD

Le règlement général de protection des données (RGPD) est un texte réglementaire européen qui encadre le traitement des données de manière égalitaire sur tout le territoire de l'Union Européenne. Il est entrée en application le 25 mai 2018.
Il a été conçu autour de 3 objectifs :

- renforcer les droits des personnes
- responsabiliser les acteurs traitant des données
- crédibiliser la régulation grâce à une coopération renforcée entre les autorités de protection des données.

Une donnée personnelle est décrite par la CNIL comme « toute information se rapportant à une personne physique identifiée ou identifiable ». Il existe 2 types d'identifications :

- identification directe (nom, prénom etc.)
- identification indirecte (identifiant, numéro etc.).

Lorsqu'une opération ou un ensemble d'opérations portant sur des données personnelles sont effectuées, on considère qu'il s'agit de traitement de données.

A partir de là, vous devez mettre en application des procédures, qui, si elles ne sont pas respectées, peuvent vous entrainer vers de grosses amendes et peine de prison.

Si vous voulez dormir sur vos deux oreilles, travailler sereinement, et viser le développement de votre entreprise sur une longue durée, il faut mieux tout mettre en place dans les règles de l'art. Un cabinet d'avocats parisiens a travaillé pour vous : profitez de l'effet de groupe pour être dans les clous à petit prix : Club Learny Lawyers.
L'accompagnement de pointe pour construire et optimiser votre business en ligne de manière durable !
Vous en saurez plus en cliquant ici : http://bit.ly/31dIDjU

Si vous désirez juste le pack de documents obligatoires à mettre en place (CGV, ML, CGU, etc.. à personnaliser !), voici le pack indispensable

pour vendre en ligne en toute sérénité !
http://bit.ly/2K1enUi

ROI : Return On Investissement
C'est le retour sur investissement de votre publicité. *Quelle somme avez-vous mis dans la publicité et combien vous a-t-elle rapporté ?* Le ROI est exprimé en pourcentage.

Sémantique
Il m'a fallu un peu de temps pour comprendre ce mot.
Donc si je simplifie, elle tente de saisir le sens de la requête de l'internaute. Elle est utilisée pour le référencement SEO. C'est l'usage linguistique des mots qui va chercher le sens des mots, le sens des requêtes, le contexte, les liens entre les mots.
D'où l'importance de votre contenu éditorial pertinent et riche de vocabulaire pour vous faire bien repérer par Google.
Yooda Insight est un outil d'aide ou 1.fr

Séminaires
Évènements organisés par des formateurs dans le but de transmettre des connaissances via des intervenants mais aussi de faire du networking, apprendre des autres, et pourquoi pas faire des partenariats : permet de se construire son réseau.

SEO
C'est le référencement naturel gratuit. Voir le mot référencement.

SEA
C'est le référencement payant. Voir référencement

Search console de Google
Ce sont les outils et les rapports de la console de recherche de Google qui vous aident à mesurer le trafic et les performances de votre site, à résoudre les problèmes et à faire rayonner votre site dans les résultats de recherche Google. Vous devez faire analyser votre site par la Search console quand il est prêt, pour indexer vos pages.

Sidebar
C'est la barre verticale sur le côté d'un site, ou sur la page Facebook sur ordinateur.

Sitemap
C'est un fichier xml qui répertorie toutes les URL du site. C'est un langage universel. Il va donc mettre dans un fichier toutes vos URL et on l'envoie à Google. Votre site est bien indexé chez Google. À faire quand votre site est fini, via la Search consol.

Stratégie
La stratégie est la vision long terme concernant la mise en place de votre projet. *Où voulez-vous être dans 5 ans ?*

Storytelling
L'art de raconter une histoire via le copywriting.

Scarcity
Créer l'urgence dans une vente pour inciter le prospect à passer à l'achat afin qu'il ne procrastine pas (reporter). Cela se fait souvent par la mise en place d'un timer : décompte du temps. Mais attention !! Ne le mettre en place que si c'est un réel décompte ! La DGCCRF analyse vos sites et veille dans l'intérêt du client. Amendes à la clé.

Scaler
C'est le fait d'analyser ses publicités et augmenter le budget. On va faire une modification d'échelle : on augmente progressivement de 20 %, et plus, tout doucement. On dit que l'on scale.

Scroller
Faire défiler la page web avec souris.

SONCAS and co
Technique marketing pour parler à votre prospect en fonction de son profil. Vous devez adapter votre copywriting ou votre discours selon que vous parlez à quelqu'un qui est plutôt :

- *Sécurité*
- *Orgueil*
- *Nouveauté*
- *Confort*
- *Argent*
- *Sympathie*

À cette technique déjà puissante, je rajouterai *son profil internaute :*

- Networker : dans le cadre du travail c'est-à-dire qui utilise des plateformes collaboratives.
- Fonctionnal : utilise internet pour son côté pratique.
- Inluencer : le profil influençable sur internet est celui qui va lire tous les avis avant de se décider.
- Communicator : il communique et partage beaucoup sur les réseaux.
- Knowledger : il va rechercher l'information pour apprendre.
- Aspirer : il débute sur internet.

Et son profil *resauteur* :

- Passif : il regarde passer les posts
- Cliqueur : il like tout.
- Partageur : il partage tout
- Commentateur : il ne fait pas toujours des bonnes critiques
- Contributeur : il contribue à compléter ce que vous dites
- Animateur : il lance des discussions, apporte des choses nouvelles
- Ambassadeur : celui qui « ambassade votre marque »

Alors à qui avez-vous à faire ?...

Split tester

Tester en comparant deux publicités.

Squeeze Page

Page de capture de mail.

Storie

La storie c'est simplement une histoire en français.
Cette storie se passe en fait sur les réseaux sociaux.

Vous pouvez publier des images ou des vidéos sur une période de 24h.

Swiper ou swipe up
Faire glisser vers le haut avec son doigt

Take action
Petit clin d'œil à mon mentor Franck Rocca que vous entendrez très souvent dire « *il faut passer à l'action pour avancer, et arrêter de procrastiner* »

Tag
On peut traduire ce mot par « *étiquette* », « *traceur* », « *marqueur* ». C'est en fait un mot-clé qui va décrire du contenu.
Il renvoie bien souvent à une page de votre site. On l'utilise aussi dans la gestion des mails.

Taux de conversion
C'est le nombre de personnes qui achètent divisé par le nombre de personnes qui visitent la page. Si vous avez 100 visites sur votre site et 5 achats alors votre taux de conversion sera de 5 %.

Taux de rebond
Le taux de rebond (bounce rate) est un indicateur marketing qui mesure le pourcentage d'internautes qui sont entrés sur une page Web et qui ont quitté le site après sans consulter d'autres pages. Ils n'ont donc vu qu'une seule page du site.

Un taux de rebond élevé peut révéler l'insatisfaction des visiteurs due à un mauvais ciblage, un contenu de mauvaise qualité, une mise en page étouffante, une page trop longue à se charger.

Template
C'est tout simplement le thème à choisir pour votre site.

Thème
Le thème d'un CMS - hébergeur de votre site e-commerce ou

blog -, va servir à habiller votre boutique. Vous trouverez des thèmes gratuits, mais il faudra souvent payer des options supplémentaires, donc ne pas hésiter à choisir un thème payant.

Transport

Vous devrez choisir un transporteur si vous êtes e-commençant. Voir mes solutions dans le chapitre « outils ».

Tripwire

Petit produit d'appel entre 7 et 47€ dans le but de faire sortir la CB. Il est présenté comme une offre exceptionnelle créée pour le prospect.

Tunnel de vente : funnel en anglais

C'est un tunnel, ou entonnoir de conversion, dont le but est de convertir le client à l'achat, par un processus de plusieurs étapes : il faut le séduire, le rassurer, le mettre en confiance, et le pousser à l'acte d'achat. Tout au long de ce parcours, vous allez lever ses derniers freins ou arguments qui l'empêchent d'acheter, afin qu'il finisse par vous dire ok.

Tout ce processus, c'est du marketing, en mettant en place toutes vos techniques de persuasion et votre meilleur copywriting.

Il comprend au minimum le schéma suivant dans une vente de formation : leadmagnet/tripwire/Bon de commande/OTO/ one click upsell/merci Dans les outils, vous trouverez les logiciels. Voici déjà un exemple d'outil en français :

- chez Systeme.io : http://bit.ly/2yIxQl9
- chez Wolfeo : http://bit.ly/2Qcr7a6

Twitter
Réseau social utile surtout pour toucher les journalistes et les influenceurs.

Upsell
Technique marketing qui consiste à proposer un produit supplémentaire à un client qui vient de vous acheter quelque chose afin d'augmenter le panier moyen.

URL
Littéralement « *localisateur uniforme de ressource* » ; il désigne une adresse internet.

USP : Unique Selling Proposition ou PVU en français : Proposition de valeur unique
Quelle est l'unique proposition que résume votre marque à mettre sur la page accueil ? C'est le fait de résumer en une seule phrase ce qui va vous rendre différent de la concurrence. Il s'agit de bien définir son positionnement en sachant qu'il peut évoluer au fil du temps. La phrase doit être claire à comprendre. Il faut prendre le temps de bien la travailler.

« *La simplicité est la sophistication suprême* ».
Léonard de Vinci

UX : expérience utilisateur
Il s'agit de faciliter la vie de l'internaute pour qu'il atteigne facilement son but (achat, recherche d'informations…) et l'amener à concrétiser son action sans trop d'effort et dans un environnement agréable, fluide et rassurant.
Le site doit être facile à trouver, attractif, facile à prendre en main, crédible et conforme à l'image de la marque. Il doit être ergonome, intuitif et rassurer le client.

Valeur perçue
La valeur perçue correspond à la valeur que revêt un produit ou service dans l'esprit du consommateur. La valeur perçue n'a pas de lien direct avec la valeur réelle ou coût de fabrication.

Veille
Pour savoir ce qu'il se dit dans votre secteur d'activité ou alors sur votre marque, faites la veille.
Voir les outils à Veille.

Vlog
Blog qui utilise la vidéo comme support principal de son contenu.

Valeur d'un produit
La valeur c'est tout ce qui permet à ton client de résoudre son problème urgent, facilement et rapidement. Ce n'est pas seulement la valeur de ton temps passé à créer le produit.

VTH : vidéo texte hypnotique
Le but est de captiver l'attention du visiteur avec une vidéo, de faire en sorte qu'il regarde et écoute jusqu'au bout (exactement comme n'importe quelle page de vente bien construite).

Webinaire
C'est une conférence digitalisée ; elle se fait en ligne au lieu de se faire en présentiel.

Widget
Élément de base d'une interface graphique comme un bouton par exemple.

Y'a qu'à... faut qu'on...
Combien de fois je l'ai prononcé ce petit bout de phrase ! Il devait entrer dans ce livre. Faites attention au rêve vendu.
Quand on vous propose une formation, analysez bien toujours le bénéfice que vous pouvez en tirer, mais analysez bien aussi quel va être le travail réel pour arriver au résultat !
Ce travail réel, c'est toute la différence entre ceux qui vont y arriver ou non. Méfiez-vous du « *y'a qu'à... faut qu'on* » ! Quand on vous dit vous allez créer votre site e-commerce et vendre en 5 jours, ce n'est pas vrai. Alors en 24h : même pas en rêve. Oui bien sûr, vous serez capable de remplir un site en 5 jours et le

mettre en ligne : ils ont raison ! Mais si vous n'y connaissez rien, oubliez. Et il ne suffit pas de le mettre en ligne… Il faut vendre… Et là vous pouvez rajouter une paire de jours pour vous former à la vente si vous démarrez… C'est juste un exemple parmi tant d'autres.
Ne cédez pas à la sirène du « *y'a qu'à… faut qu'on* ». Analysez le travail à exécuter !

YouTube

C'est un chapitre à lui seul. Je dirai juste quelques mots.
YouTube appartient à Google ce qui signifie que Facebook et Google ne s'aiment pas trop. YouTube est un moteur de recherche comme Google qui favorise l'expérience utilisateur. De plus en plus de personnes cherchent directement dessus. Les vidéos ont le vent en poupe, elles sont plus attractives qu'une image figée ou un texte à lire. Vous ne pouvez pas l'ignorer pour vos publicités.
Un seul conseil à retenir pour votre marketing : peu de personnes identifient leurs vidéos avec des mots clés. Faites-le, vous pourrez vous retrouver ainsi en première page de YouTube à votre grande surprise. Le mécanisme est le même que celui du SEO : ne décrivez pas la vidéo mais ce que cherche votre prospect avec des mots clés.
Bien évidemment, soignez votre présentation, votre langage, donnez confiance.
Et pour optimiser votre temps, tournez plusieurs vidéos le même jour et tous les montages un autre jour. Vous gagnerez en temps et en efficacité.

Zone de confort

Tout commence par là… Il faut accepter de sortir de sa zone de confort pour grandir. C'est le quotidien de l'entrepreneur. Mobilisez vos ressources dans le seul objectif de réaliser votre rêve : cela passe par le fait de sortir sa zone de confort. Soyez prêts. Entourez-vous de coachs si cela vous semble difficile. Vous y arriverez, c'est uniquement un travail à faire sur soi.

2 - Les outils

« L'ambition est le chemin du succès.
La persévérance est le véhicule dans lequel vous y arriverez ».
Bill Bradley

Avant de démarrer votre activité, commencez par créer une note dans un cahier ou dans un logiciel pour noter tous vos codes. Pensez à lastpass.com. Vous verrez que vous en aurez vite une vingtaine et pas forcément les mêmes, donc impossible de tout retenir.

Et en parlant de codes, soyez très vigilants et intransigeants sur ce point si vous déléguez la fabrication de votre site à un webmaster ; demandez-lui tous les codes, liens, accès à tous les outils.

En l'espace d'une année, j'ai entendu 2 fois des personnes qui avaient payé un webmaster évaporé dans la nature avant la fin. Celles-ci se retrouvent alors avec un site inachevé dont il est impossible de récupérer l'accès.

N'oubliez pas qu'en premier lieu vous avez payé pour un nom de domaine et qu'il serait vraiment dommage de le perdre.

Soyez le propriétaire de votre nom de domaine dès le démarrage avec les accès. Ensuite vous pouvez commencer par 2 outils pour être productif. Prenez donc le domaine en externe.

Pour toutes vos notes

L'outil magique, indispensable et en plus gratuit que vous allez commencer par installer tout de suite : www.evernote.com
Vous pourrez y mettre des notes rangées par thématiques, des images, des pdf, bref tout ! Rangez vos codes ici.
Et en plus vous pourrez y avoir accès avec votre ou vos collègues.

Excellent outil de partage pour travailler en commun.

Pour planifier ou organiser votre (précieux) temps

www.trello.com pour noter vos tâches à faire par rubrique que vous créez. Outil gratuit.

www.asana.com : outil gratuit pour la gestion du temps. Si vous déléguez des tâches, communiquez sur cet outil en mettant des dates butoirs. Si ce n'est pas fait vous le verrez de suite et pourrez relancer. Mettre une date d'exécution évite la procrastination.

Publier plusieurs fois par jour sur les RS est chronophage, vous pouvez planifier vos publications une fois par semaine dans un logiciel. Celui-ci enverra vos publications comme programmées.

www.zapier.com pour connecter vos applications et automatiser vos tâches.

www.hootsuite.com : plateforme pour gérer vos réseaux sociaux et planifier vos publications. Il est semblable à Zapier.

www.buffer.com pour gérer tous vos comptes sociaux en un seul endroit.

Les mindmaps : un outil pour créer des schémas organisationnels ou autres. Ils sont simples d'utilisation et très utiles.

www.mindmap.com

www.mindmeister.com

www.xmind.net/fr

www.gloomaps.com : architecture par blocs style organigramme

Formations de base

Vous démarrez et n'y connaissez rien au marketing digital, que ce soit les outils de Google ou Facebook.

Sachez que vous pouvez suivre des formations gratuites et même certifiantes, en ligne, en suivant leurs modules vidéos. Les vidéos sont courtes, vous progressez à votre rythme et vous obtiendrez de bonnes bases sur le marketing digital, les publicités Facebook ou le référencement Google entre autres.

Vous pouvez renforcez vos compétences également si vous avez

des bases et obtenir des certifications à rajouter sur votre CV. Vous développez vos connaissances dans le domaine qui vous intéresse et dopez la visibilité de votre entreprise.
Formation Facebook : www.facebook.com/blueprint Formation Google : https://learndigital.withgoogle.com
Et dans l'idéal maitrisez la Suite Adobe car ses outils sont indispensables pour maitriser la communication numérique.

Si vous ne voulez/savez pas faire

Il existe des plateformes auprès desquelles vous pourrez TOUT demander ! C'est magique et c'est bien réel. Vous pourrez choisir de déléguer la ou les tâches qui vous rebutent le plus.
Vous aurez affaire à des free-lances, soit pour une tâche unique, soit pour un projet long/court. Et si vous manquez de créativité, commencez par déléguer votre logo à des graphistes compétents. Cela vous permettra de vous familiariser avec ces plateformes à des prix très compétitifs.
Soyez curieux et allez regarder tout ce que vous pouvez déléguer à moindre coût pour démarrer. Mais vous pourrez également déléguer à tous ces free-lances dans le temps. C'est une belle opportunité pour les free- lances de se faire connaître.
Vous avez affaire à des indépendants, soit à l'étranger, soit en France ou Europe. Prenez toujours quelqu'un qui a déjà des recommandations et ne cherchez pas à prendre les moins chers. Utilisez Dropbox pour transmettre vos documents.

www.5euros.com : créée par 4 jeunes français, vous trouverez tous les métiers du web. Personnellement j'ai fait mon logo et page de couverture Facebook de mon deuxième e-commerce avec Logoconcept. J'ai repris cette personne pour la couverture de ce livre. J'ai dit ce que je voulais, il a mis en image.

www.malt.fr : autre plateforme française de freelances, également testée et top.

www.fiverr.com : vous trouverez des intervenants du monde entier.

www.brandmark.com : un autre bon plan pour faire votre logo

vous-même. Il vous permet la création de logo en ligne de façon très simple. Il vous suffit de renseigner le nom de votre entreprise ainsi que votre « *accroche* » ou « *proposition de valeur* », quelques mots-clés, mais le tout en anglais.
www.freelancer.com
www.99design.com
www.codeur.com : pour toutes vos demandes informatiques. Postez votre demande, vous recevrez plusieurs devis, à vous de choisir ensuite.
Le décor est planté, maintenant on va essayer d'y aller par ordre alphabétique.

Accélérer la vitesse d'une vidéo… ou la ralentir !

Écouter les formations demande beaucoup de temps. Vous pouvez accélérer votre vidéo et gagner des minutes précieuses.
Toutefois, si votre formateur parle trop vite, vous ralentissez (isn't it Franck ?)
Ceci est une extension chrome : Vidéo speed contrôler

Affiliation

Pour faire de l'affiliation, vous aurez besoin d'une plateforme.
www.1tpe.com
https://www.webfrance.com/plateforme-dafiliation-1st-afiliation
www.clickbank.com
ou Wordpress !
Et si vous avez besoin de donner des liens d'affiliés pour vendre vos formations, vous trouverez chez tous les hébergeurs de tunnel de vente français ou américains.

Automatiser la mise en place des produits dans Shopify

Pour importer d'Aliexpress, vous devrez installer soit une application sur Shopify : Oberlo, soit l'extension chrome Dropified.

Automatiser Instagram : les bots

Attention avant d'utiliser ces outils. Le but de ces outils est d'aller liker automatiquement des comptes à votre place, que vous aurez programmés avec des mots clés. Mais Instagram

n'aime pas les robots.
Je vous cite ici des outils qui sont fiables afin de simuler une vraie personne qui irait liker des comptes, en mettant en pause pendant la nuit pour preuve de bon sens. Il faut que ce soit fait avec parcimonie, sinon Instagram verra que c'est un robot et vous fermera votre compte. Alors soyez prudent. Il faut qu'il vous aide mais ne lui en demandez pas trop.
Jeffrey : http://bit.ly/2DfL8Ic : c'est le bot que j'utilise actuellement après avoir testé instato. Celui est super : très facile de mise en place, soft et efficace ! Je le recommande fortement (et en plus cocorico).
www.instato.io
www.jarvee.com
www.tbngram.io
www.alfred.com
www.gramto.com

www.igers.me pour voir plusieurs liens sur Instagram

Automatiser Linkedin

https://linkedhelper.com : Si vous voulez automatiser votre business sur Linkedin, cet outil enverra pour vous des messages à une cible planifiée pour une somme allant de 5 à 15 € par mois.

Analyser le comportement utilisateur sur votre site

www.hotjar.com : permet l'analyse de comportement UX (expérience utilisateur). C'est un outil qui permet d'espionner et de voir comment votre prospect navigue, son parcours et d'analyser les conversions. Il permet aussi de voir les zones froides et les zones chaudes de votre site et donc de réajuster si besoin le visuel.

Analyser la vitesse de votre site

Page speed insight pour la vitesse site (mettre votre url). Il suffit de mettre votre url de site à l'endroit demandé, et vous aurez l'analyse de votre site avec ce que vous devrez améliorer.

Auto-répondeur et les plateformes de mails

J'en entendais parler dans mes premières formations, *mais qu'est-ce que ça voulait bien dire ? Où les trouver ?* Ce sont des plateformes d'envoi d'emails programmés ou non, qui vont rentrer dans vos séquences marketing et travailler seules pour vous (une fois programmées).

Je dirai juste : faites attention à la qualité de votre auto-répondeur, surtout de sa gestion des envois des mails pour passer au maximum les filtres anti-spam. C'est un vrai métier. Encore plus avec le RGPD (Registre Général de la Protection des Données personnelles) appliqué en Europe ou pour toute entreprise étrangère qui fait du commerce avec l'Europe.

Il faut savoir que vous n'avez pas le droit d'envoyer un email sans l'accord de votre prospect. Il vous faut donc lui demander son autorisation par validation en « double optin ». Ce qui veut dire qu'il devra valider deux fois pour confirmer son accord de communiquer avec vous. Le jour où vous aurez un contrôle via la CNIL, votre auto-répondeur devra être en mesure de prouver cette double validation à condition qu'il l'ait mis en place. À vous d'être vigilant.

Je suis allée à une formation sur ce sujet auprès de la CCI en partenariat avec la gendarmerie spécialisée en cybercriminalité. Ils vous recommandent vivement de choisir dorénavant un hébergeur de mail européen. Il en sera de même pour votre auto-répondeur. Il vous faut absolument éviter les adresses Gmail par Google. Vos mails sont lus comme un livre ouvert.

Français :

Personnellement, j'ai une préférence pour les plateformes françaises. Mon petit côté chauvin et je suis plus à l'aise en français qu'en anglais. Je recommande toutes ces plateformes dirigées par des personnes dynamiques et investies pour récupérer les parts de marchés appartenant initialement aux Américains. Je peux juste mettre en avant celui avec qui j'ai choisi de travailler car il répondait le mieux à mes valeurs. Mais les autres sont très bien aussi. À vous de choisir.

- SG autorépondeur : personnellement j'ai choisi de travailler avec SG Autorépondeur car c'est une plateforme française. Mais aussi, pour l'entreprise, fondée par Sébastien Gourrier que j'ai pu rencontrer il y a peu au salon des indépendants à Paris. Elle existe depuis plusieurs années, elle a une dimension humaine (merci Tarik de votre soutien technique), de l'expérience et porte des valeurs fortes. Ils investissent régulièrement dans les ordinateurs de gestion des mails, mettent en place des process en cas de pannes électriques, font la chasse aux entrepreneurs qui ne veulent pas appliquer le double optin. Tout cela a un impact sur leurs performances (ils sont notés) et la délivrabilité de nos mails. C'est donc une question de bon sens pour nous tous que de respecter les règles si nous voulons voir nos mails acheminés. Ne faites donc pas n'importe quoi. Vous serez blacklistés. Le mailing est un vrai métier. SG a mis énormément d'énergie pour nous informer de la mise en place de ce fameux RGPD (qui fait râler beaucoup de monde). Voici le lien vers la plateforme de mon autorépondeur : http://bit.ly/2CWCZcB

- Sendinblue : Emailing.
- Systeme.io : de Aurélien Amacker, emailing et tunnel de vente : http://bit.ly/2yIxQl9
- Wolfeo : Créé par Kevin Hanot, emailing et solutions tout en un pour vendre vos formations et agence de webmarketing, support à l'appui : http:// bit.ly/2Qcr7a6
- Startéo : créé par Léo Olsen-Guillot, emailing et tunnels de vente adaptés principalement au e-commerce.
- Kooneo : Formulaires de commande, bouton de paiement Paypal, panier d'achat, programme d'affiliation, emailing, autorépondeur, relances emails.
- Learnybox : crée par Lorenzo Pancino. Emailing avec Learnymail et tout le

marketing par tunnel de vente, affiliation, paiement, etc. http://bit.ly/2W5eUqG

Étrangers :

Si vous aimez l'anglais, et aussi le professionnalisme des américains en marketing, voici les principales plateformes, qui sont polyvalentes en marketing pour certaines (marketing automation en plus du mailing) :

- Mailchimp : envoi gratuit de mail jusque 2000 mails par mois. Également plateforme marketing : www.mailchimp.com

- Activcampaign : envoi des mails, mais aussi plateforme marketing très complète : www.activcampaign.com

- Aweber : plateforme emailing. http://bit.ly/2EY1eK5

- Clickfunnel : c'est le leader du marché US, de l'auto-répondeur, au tunnel de vente, en passant par les pages de captures et autre automatisation. Bénéficiez de 14 jours d'essai gratuit en passant par ce lien : http://bit.ly/2OikZuU

- Getresponse : Outil complet de marketing, pour votre auto-répondeur, email marketing, automatisation, webinaires, CRM, mais aussi vos tunnels de vente : http://bit.ly/2qmruUb

- www.cybermailing.com : entreprise canadienne dédiée exclusivement à l'envoi des mails, gratuit pour les start up.

Avis client

https://fr.trustpilot.com
Application Product review sur Shopify

Backlinks de qualité

www.linkminer.com : c'est un site gratuit (jusque 50/jour) où vous trouverez de l'inspiration pour piocher des backlinks de qualité qui pourraient aider au référencement de votre site, ou blog. Vous pourrez trouver une piste pour un annuaire, un site, un blog dans lequel vous pourrez écrire un article qui pointe vers votre site. À utiliser avec modération !

www.clickmeter.com pour mesurer l'efficacité de vos liens et augmenter vos conversions.

www.netlinking.fr : plateforme d'achat de liens conçue pour simplifier la vie des professionnels du marketing digital et du référencement.

Placez-vous également sur des sites référençant les codes promotionnels :

https://www.ma-reduc.com
https://codespromo.leigaro.fr
https://www.reduc.fr
https://fr.igraal.com

Bons de réductions

Soit vous passez par votre site de e-commerce qui vous propose de créer des coupons.

Soit vous pouvez passer par une application telle que Klavio si vous planifiez des mails via shopify notamment.

Bots instagram : voir automatiser instagram

Campagnes SMS

Vous pouvez programmer des campagnes sms ou des messages vocaux, soit avec vos auto-répondeurs, soit avec :

www.allmysms.com
http://www.octopush.com/

Choix de couleurs pour son site, son logo, sa marque

https://color.adobe.com/fr/create/color-wheel/ pour vous aider dans le choix des couleurs site en harmonie www.code-couleur.com pour la signification des couleurs

Code barre

Si vous voulez vendre sur Amazon, on vous demandera de coller une étiquette Amazon (ce qui est très facile). Je me suis dit que j'allais le faire pour vendre mes sacoches mais en cherchant leur étiquette, je m'aperçois qu'elle doit comprendre un code barre ; mes produits étant ma propre création, il me faut donc tout créer. Vous devez donc aller sur le site GS1 : https://www.gs1.fr pour les faire. Suivez leurs instructions, ce n'est pas trop compliqué. Il vous faudra importer vos références via un fichier CSV.

Il existe aussi : https://www.eancode.fr

Code html : mise en page

Vous voulez rajouter un peu de code dans votre thème, vous pouvez le préparer sur https://www.sublimetext.com/ . Il ne vous reste plus qu'à faire un copier/coller à l'endroit souhaité.

Compresser vos photos

www.kraken.io
www.compressor.io
www.compress.com/fr
www.squoosh.com

Compteur de mots

Le petit robot Google aime les articles de 600 mots minimum. Il vous remerciera en favorisant votre référencement naturel.

Pour connaître le nombre de mots de votre article, allez dans la barre menu de votre PC :

- menu révision statistique de MS Word
- sur Mac pour Page : menu présentation, afficher le nombre de mots
- sur Libre office c'est noté automatiquement dans la barre en bas

Copie d'écran

Vous aurez régulièrement besoin de faire des copies d'écran, pour vos photos, pour envoyer au SAV d'une application (et oui, ça arrive…). Bien sûr vous pouvez le faire avec les touches de votre MAC : Alt+CMD+3. Ou pour une partie de l'écran, vous

utiliserez Alt+CMD+4 sur Mac, ou une extension chrome, par exemple :
Fireshot : une extension chrome qui fonctionne super facilement
http://snag.gy

Correcteur grammatical et orthographe
https://www.antidote.info/fr/antidote : logiciel en vente chez les revendeurs au prix moyen de 99 €.

Couverture d'ebook
www.adazing.com/free ebook cover creator pour les couvertures d'ebook
Ou www.adazing.com/cover-mocks/ pour vos mock up en 3D
https://www.coveractionpro.com
https://www.canva.com/fr_fr/creer/mockup/
www.mochupworld.com gratuit
www.pagemodo.com/fr et les free lances chez 5euros.com si vous manquez de créativité.

Couverture de box
Vous pouvez customiser vos box. Tapez « *custom packaging* » dans un moteur de recherche et choisissez.

E-commerce
Il vous faut une plateforme « CMS » ou éditeur de site.

Français :
ça pousse également en France au niveau des plateformes e-commerce :

Dropizi : de Grégory Beyrouti avec 3 offres d'abonnement à partir de 27 €, en fonction de vos volumes de vente. Ils ont créé Wizishop pour importer vos produits depuis Aliexpress.

Quand j'ai démarré sur Shopify je ne connaissais pas Dropizy. Depuis Dropizy monte très fort, et a plein de nouveautés très intéressantes, se renouvelle sans cesse. Si c'était aujourd'hui, je

démarrerais sur Dropizy.
Plusieurs avantages concurrentiels en leur faveur :

- le thème est intégré, et si vous êtes créatif, vous pouvez réaliser votre propre thème ;
- possibilité de faire un site bilingue ;
- ils mettent en rapport facilement avec des markets places pour vendre : ils ont créé Amplify, une market place pour vendre vos produits en fonction de vos thématiques ;
- ce sont des français avec le support français ;
- pas besoin d'Oberlo ou de Dropified pour faire votre connexion avec Aliexpress ;
- tout récent : connexion avec la plateforme Bigbuy en plus d'Aliexpress ;
- les plugins sont compris dans l'offre, donc pas de rajouts à la facture mensuelle, contrairement à Shopify.

Comme je le disais, il existe une multitude d'applications que vous trouverez dans la boutique des plateformes e-commerce. Il y en a tellement que je ne vais pas vous les citer. À vous de choisir.
Dropizy-Wizishop : http://bit.ly/2yPb8bh

- Prestashop : pour créer votre site internet, vous pourrez avoir besoin d'un webmaster si vous ne vous y connaissez pas en codage.
- Wee-commerce : plateforme découverte aux salons des entrepreneurs à Lyon. L'avantage est un design fait sur mesure, livré clé en main, optimisé référencement naturel, et rapidité du temps d'affichage extra-ordinaire.

Américain :

- Shopify : à partir de 29 € par mois, en fonction du volume de ventes, pas besoin de connaître le codage. Il vous faudra utiliser les applications Oberlo ou Dropified pour importer vos produits depuis Aliexpress si vous faites du dropshipping (applications payantes). Cette plateforme a été créée pour se débrouiller seul(e) avec un site e-commerce, et pouvoir faire du dropshipping. On peut rajouter des applications. Certaines sont gratuites, mais beaucoup non. Cela peut devenir vite onéreux. Et il faut savoir que rajouter des applications ralentit le chargement d'un site. Et un site non chargé en moins de 7 secondes… le client s'en va. Pour cette raison très importante, il faut éviter les thèmes gratuits et prendre des thèmes avec des applications incluses. Cela évite le temps allongé de chargement. En plus de votre CMS, il vous faut un thème pour habiller votre boutique. Certains sont gratuits, d'autres payants. Il ne faut pas hésiter à prendre des thèmes payants incluant un maximum d'applications utiles au business, le temps de chargement ne sera pas impacté. Personnellement, j'ai choisi Shopify car je voulais être autonome, et j'ai pris un thème français : Fastlane, créé par Ulrich Vallée, professionnel du e-commerce. Il comprend un maximum d'applications incluses pour optimiser les ventes sur votre boutique, et avoir une vitesse de chargement rapide. Vous pouvez le personnaliser au maximum. Ce thème est vraiment très bien. Une astuce qui peut vous aider : vous pouvez trouver de l'assistance française via cette adresse mail : assistance@shopify.com. Un bémol pour Shopify : leur blog n'est pas adapté à l'optimisation SEO. Il faut mieux lier un blog Wordpress avec votre site. Or on sait l'importance du blog pour le référencement de votre site.

- WooCommerce : c'est l'extension plug in de Wordpress pour intégrer le module e-commerce.
- Wix : avec le module e-commerce, pas besoin de connaitre le codage. Je dirai que c'est plus pour des sites vitrines, ou des sites qui ne sont pas du e-commerce.

Émoticônes

https://piliapp.com/facebook-symbols/
http://smallfbtools.com/emoticon.php

Enregistrer votre écran

Vous pouvez aussi avoir besoin de filmer et d'enregistrer votre écran d'ordinateur.

Certains fonctionnent sur PC, d'autres sur Mac, d'autres les 2. Je vous laisse vérifier selon votre outil.
Dans ce cas, vous utiliserez :
Screenflow sur Mac
www.vegascreativesoftware.com (PC)
Camtasia : https://www.techsmith.fr/camtasia.html (PC)
www.camstudio.com, gratuit
Extension chrome Screencastify
Snagit : www.techsmith.com/screen-capture.html
https://screencast-o-matic.com/

Enregistrer le son

Votre micro d'ordinateur ou votre smartphone si modèle de bonne qualité.
Un micro payant : Blueyeti (environ 150 €) : https://amzn.to/2UteVTC. Pas besoin de logiciel juste brancher un câble USB.
Le micro-cravate :
Rode micro smartlav avec sa rallonge : https://amzn.to/2VjL9oF
Audiotechnica ATR3350 : https://amzn.to/2VoBtJC
Microcasque : OSPH5-09 + système de transmission Shure PGX-4 : https://amzn.to/2XD4DCu
Logiciel pour enregistrer le son :
https://audacity.fr
https://www.apple.com/fr/mac/garageband/
https://www.adobe.com/fr/products/audition.html?gclid
Wavelab Élément 9

Étude de marché

Vous créez votre entreprise dans le commerce, l'artisanat ou les services aux particuliers ; vous pouvez faire votre étude de marché en 3 étapes grâce à l'Outil d'aide au Diagnostic d'Implantation Locale (ODIL) de l'INSEE.
www.insee.fr > Services > Immatriculer ou identifier une entreprise >
Outil d'aide à la création d'entreprise.

Facebook en automatique

Il existe une extension sur chrome pour automatiser plusieurs choses sur FB : l'ajout de membres, publier dans plusieurs groupes en même temps, charger une vidéo,…etc. Donc plus de tools, allez voir ! *Toolkit For FB by PlugEx.*

Facturation

Vous pouvez trouver des logiciels gratuits ou payants. Mais attention, ils n'ont pas la même utilité à mon avis. Si vous avez peu de ventes et donc peu de factures ou BtoB, vous pouvez utiliser ce logiciel gratuit qui vous aidera : www.kiwili.com ou www.henrry.com.

Si vous avez besoin d'un logiciel de facturation parce que votre volume client est encore limité, ceux-ci sont parfaits.

Pour les gros volumes de factures sur votre site e-commerce notamment, il faut installer des applications de facturation automatique telles que Sufio ou Print order ou autre au choix.

Attention si vous faites des factures non assujetties à la TVA, vous devez noter sur votre facture : « EXONÉRATION DE TVA, art 262 – I , 1° CGI » (déclaration à effectuer auprès des douanes françaises pour le dédouanement) »

J'en profite pour vous rappeler que l'envoi de la facture est obligatoire au client, soit par voie dématérialisée, soit pour un envoi de produit physique dans le carton avec le bon de livraison.

Quaderno : ici vous avez affaire à un logiciel puissant qui vous gérera votre facturation mais aussi votre TVA dans différents pays. Bien si vous faites du dropshiping avec l'étranger. Votre expert-comptable peut également avoir un accès direct, ce qui est bien pratique.
http://bit.ly/2zm6EIK

Fichiers mails : comment trouver des fichiers mails

Avec la nouvelle loi du RGPD, il est interdit de vendre ses listes mails nominatives. En B2B, vous pouvez toutefois acheter des listings d'entreprises, de Comités d'entreprises.

Suite au RGPD, beaucoup d'entreprises notamment les CE, ont modifié leur adresse mail afin d'enlever tout nom de personne et

se transformer en adresse du style contact@ceentreprise.fr
Pour acheter des listings, vous avez différentes solutions :

- La CCI (Chambre de commerce et d'industrie) : attention toutefois à la mise à jour des fichiers que ceux-ci ne soient pas obsolètes.
- www.sirene.fr : recherche d'entreprise par liste ou unitaire. Gratuit.
- www.kompass.com : vous pouvez acheter des listings mails en B2B. Kompass vous aide également à développer tout votre marketing : « l'intelligence marketing au service du développement des entreprises ».
- Les CE (Comités d'Entreprises). Je vous prends mon exemple : je fais du B2B avec « ma_sacoche(mon-idéal) », je fabrique sur mesure pour les entreprises. J'ai été contactée par un magazine qui met en relation les CE et les fournisseurs. Le magazine parait tous les semestres. En prenant un encart publicitaire chez eux, j'ai le droit en même temps à un fichier mail… Intéressant. Même s'il a bien fondu après le passage du RGPD. Tous ceux qui étaient nominatifs ont été supprimés.
- La Poste vend aussi des fichiers.
- Toujours pour les CE, une nouvelle plateforme en ligne met en relation les CE et les fournisseurs : www.mediaconcept.fr
- Campaneo : https://www.companeo.com
- prefac_register.php vend des leads qualifiés
- Manageo : https://www.manageo.fr/ est une plateforme française qui collecte, agrège et révèle des milliards de données pour vous proposer une base inédite de 10 milliards d'informations sur les entreprises françaises. J'ai reçu un mail de leur part. Ils font un programme d'accompagnement dédié aux TPE/PME dans le but de booster votre visibilité et le trafic de votre site internet. Il s'agit de diffuser vos publicités sur des sites à très forte notoriété. Ce type de service est habituellement réservé aux grands groupes, mais désormais nous le rendons accessible aux plus petites structures qui répondent à des critères spécifiques.

Film animé

Vyond studio : www.vyond.com

Hashtag

Vous cherchez des # pour attirer plus de visiteurs : soit vous allez espionner vos concurrents, soit vous utilisez www.talkwalker.com

Héberger des documents

Vous avez écrit votre leadmagnet, il faudra maintenant qu'il soit accessible en téléchargement.
Pour cela, vous pouvez l'héberger sur votre site, votre blog ou votre logiciel de vente.
Vous pourrez aussi l'héberger sur :

- Google Drive
- Dropbox

Hébergeur nom de domaine/site

Pour choisir un nom de domaine, vous aurez besoin d'aller sur un site d'hébergement et commencer par vérifier la disponibilité. Vérifier également sur le site de l'Inpi si c'est toujours libre, car vous allez créer votre marque et peut-être la déposer. Vous pouvez faire une demande de recherche payante pour 80 € et être rassuré sur votre sort. C'est ce que j'ai fait pour ma marque. Sachez que vous pouvez également prendre le nom de domaine sur les plateformes CMS, mais il ne faut pas le faire. Il faut rester indépendant avec votre nom de domaine, notamment si vous changez de CMS par la suite. Ces plateformes vous le permettent :

www.ovh.com
https://www.o2switch.fr/
www.lws.com
www.1and1.fr
www.godaddy.com
www.planethoster.com

Hébergeur d'image

Vous pourrez avoir besoin de l'adresse URL d'une image. Pour cela, soit vous avez Wordpress et vous passez par la bibliothèque d'images. Soit vous devrez passer par un « hébergeur d'images » comme par exemple : www. zupimage.com, par lequel je suis passée. C'est gratuit, il en existe plusieurs dizaines à vous de faire votre choix.

Ensuite vous ferez attention de prendre le bon lien : le premier vous prendra l'image avec son environnement (le logo de la marque zupimage), le deuxième vous aurez l'image seule. Par contre le lien gratuit dure 6 mois a un an, pensez à renouveler sa validité pour éviter les erreurs 404.

Héberger les vidéos

Votre vidéo est prête, vous voulez la mettre dans votre tunnel de vente ou sur vos réseaux sociaux. Il vous faut l'héberger quelque part et mettre ce lien à l'endroit voulu.
Soit sur :

- YouTube
- Viméo

Vous avez le choix pour les mettre en privé ou en public.

Influenceurs - Instagram

www.phlanx.com : ce site vous aide pour trouver des influenceurs.
Ainsi que les agences suivantes :

- Shauna Events
- Vip Consulting
- Influence 4 Brands

Attention pour voir la qualité d'un influenceur : il faut que le taux d'interactions recommandé soit de 10 % pour des micro-influenceurs, et entre 2 à 6 % pour les gros.
www.lefty.io : plateforme qui permet de rationaliser le travail, retrouver les influenceurs Instagram, analyse de ses données, les gérer, une gestion de campagnes facilitée.

Jeux concours sur les réseaux sociaux

Si vous voulez surprendre votre communauté, il faut créer de la dynamique sur vos réseaux : postez des quizz et récupérez des leads !

Tout le monde aime jouer. Voici 3 sites pour trouver votre inspiration.

https://www.riddle.com

www.socialshaker.com

www.kontest.com

Landing page

Si vous n'avez pas d'outil de tunnel de vente, vous pouvez créer votre landing page sur :

www.zipify.com : vous avez 14 jours d'essai gratuit pour tester vos pages de vente.

www.unbounce.com : essai gratuit de 30 jours.

Liens courts

Votre URL est beaucoup trop longue pour l'insérer dans une publication ?

Passez par des « *raccourcisseurs de lien* » gratuits.

Les 2 plus connus sont : www.bitly.com et https://goo.gl/

Logo

générateur de logos simples, ludique et rapide.

http://brandmark.io/r/wlogo

Market place

Vous pouvez passer par des markets places pour vendre vos produits selon vos secteurs d'activités : Amazon, la Redoute, Etsy, Nature et Découverte, etc. Voir le paragraphe dédié dans la partie vocabulaire.

Mindmap

Pour faire vos planifications : iThoughts et Mindjet.

Montage vidéos

Pour filmer vos vidéos, un bon téléphone peut suffire. Sinon les Panasonic Lumix sont très bien (GH3, GF5). Mais n'hésitez pas à le poser sur un trépied afin d'éviter les rebondissements, de ne pas donner le tournis à celui qui vous regarde.
Filmer en statique pour maintenir votre prospect en alerte ; avoir 2 plans est très bien. Vous pouvez filmer avec votre appareil photo d'un côté et votre téléphone ou une Gopro sous un autre angle. À vous de faire le montage ensuite.

Selon la lumière vous pourrez avoir besoin d'un kit d'éclairage et d'un relecteur.
Il vous faudra :

- un micro-cravate ATR 3350 : https://amzn.to/2KVwuw1
- et un enregistreur zoom H1: https://amzn.to/2ICX9vz

Pour le montage vidéo :
https://www.apple.com/fr/inal-cut-pro/ (Mac)
www.vegascreativesoftware.com (PC)
https://ilmora.wondershare.com
www.movavi.com
https://fxhome.com/express : Hitfilm pour faire des montages en express
www.blackmagicdesign.com
https://www.adobe.com/fr/products/premiere
Logiciel « *Wavelab Élément* 9 » en vente chez tous les revendeurs

Mots-clés

Où aller pour vous aider à trouver des mots-clés ?
Le planificateur de mots-clés par Google :
https://ads.google.com/intl/fr_fr/home/tools/keyword-planner/
https://insight.yooda.com
https://www.semrush.com
https://answerthepublic.com/ est un générateur de questions et d'associations d'idées sur un thème donné, basé sur les requêtes formulées dans Google.
https://1.fr/
https://www.seoquantum.com/

https://ubersuggest.io/
www.keywordshitter.com
https://trends.google.com/trends
https://www.hi-commerce.fr/prestation-cocon-semantique/ de Laurent Bourrelly, à regarder absolument.

Native advertising

www.taboola.com
Groupe M6 Web Amplify par Wizishop
https://www.outbrain.com/fr/
https://www.ligatus.com/fr

Netlinking

www.netlinking.fr

Nom de domaine

www.ovh.com
www.lws.com
www.1and1.fr
www.godaddy.com

Notation de vos adresses IP

Si vous voulez passer facilement les filtres anti-spams, il faut que vous soyez bien noté. Voici 2 sites où vous pouvez aller voir votre score. www.sendersocre.org : vous pouvez analyser le score de votre adresse IP afin de voir sa délivrabilité. C'est un site sur lesquels les FAI s'appuient pour vous filtrer ou pas. Vous obtiendrez un score entre 0 et 100, la meilleure note étant vers le 100. www.talosintelligence.com : ici vous serez noté de -10 à +10.
Sachez que le fait d'acheter des fichiers ou envoyer un mail occasionnellement fera baisser votre taux sérieusement.

Notifications sur une zone géographique

Vous avez une boutique physique, et vous voulez toucher les prospects autour de vous : www.global.com

www.royaltie.com : c'est du marketing digital. Contre un

abonnement mensuel, vous pouvez envoyer des notifications sur les téléphones, tablettes ou ordinateurs connectés. Vous créez un post comme un post sur Facebook avec un lien de votre boutique ou votre page de vente. Royaltie a des partenariat avec différentes plateformes (Facebook, Instagram, Youtube, Linkedin, CNN et autres) et envoi votre post dans le périmètre de 1 à 10 km autour de du lieu que vous aurez choisi. Cela fonctionne via leur application. Vous pouvez mettre votre « pin » où vous voulez sur la carte du monde pour envoyer dans le périmètre de 10 km. Cela fonctionne par abonnement mensuel. Vous arrêtez quand vous voulez. Le tarif dépend du nombre d'impressions que vous désirez atteindre. Je vous mets le lien ici pour aller voir : http://bit.ly/2A0mHgb. A partir de 47 $ par mois. Vous pouvez suivre le nombre de personnes qui clique sur votre lien. Je l'ai et je peux vous assurer que le nombre de vues annoncé sur votre annonce est nettement supérieur à la réalité. C'est un procédé qui ne fonctionne que par affiliation : http://bit.ly/2A0mHgb.
Tous les jours j'ai du trafic sur mon site par ce canal.

Paiements en ligne

Pour les paiements en ligne, vous avez plusieurs possibilités. Mais sachez que c'est mieux d'utiliser différents modes de paiement pour plaire à un maximum de clients.
Sachez aussi qu'en fonction du volume des ventes, vous pourrez avoir des soucis avec Paypal. Il faut savoir qu'aujourd'hui, toutes les banques se méfient des mouvements d'argent. Si votre boutique marche fort, que vous avez de grosses rentrées d'argent, vous devrez sûrement justifier. Ils peuvent bloquer votre compte, vous demander des justificatifs. Répondez rapidement à leur demande pour voir votre argent débloqué. Et surtout, sortez régulièrement votre argent de votre compte Paypal.

Ne pas mettre PayPal c'est vous priver de 40 % des ventes. Vous me direz que les personnes mettront un autre moyen de paiement, certaines oui et d'autres non. Le débat ne sera donc

jamais fermé. *Du chiffre et des soucis, ou pas de chiffre pour pas de soucis ?* Je vous laisse choisir. Donc pour la mise en place du paiement, soit vous faites appel à votre banque et vous installez leur clé API, soit vous utilisez un moyen de paiement sécurisé que tout entrepreneur du web utilise : *Stripe* : sécurisé, crypté SSL, hyper simple de mise en place et d'utilisation. Vous recevez l'argent de vos ventes 3-5 jours après la vente. Ils se prennent une commission, mais votre banque aussi.
Brain tree : solution de paiement pour petit CA, moins cher que Paypal (groupe Paypal) Une bande à part , Authorize.net et Bold pour les paiements récurrents pour les abonnements à des box mensuelles par exemple.

Paniers abandonnés à récupérer

Récupération de panier abandonné : Recart, application que vous trouverez sur vos plateformes CMS notamment Shopify. Il en existe d'autres bien sûr.

PDF

Pour assembler ou extraire un pdf : www.smallpdf.com

Pixel publicitaire : installation

Soit vous l'installez directement sur votre site (facile avec Shopify, pas besoin de personne), soit vous l'installez dans le Google Tag Manager , vous centralisez à cet endroit toutes vos conversions de pixel quels que soient les pixels, Facebook et Google Analytics, pour tous vos sites.
Il existe également un séparateur de pixel : Sebastiencerise.com/izysuite pour app cookie séparation pixel

Photos : compresser vos photos

Si vous n'utilisez pas Photoshop pour réduire la taille et le poids de vos images, vous pouvez utiliser :
www.kraken.io
www.compressor.io
www.jpeg-optimizer.com
https://compressjpeg.com/fr/
www.optimzilla.com

Photos : pour travailler vos photos

Pour travailler vos photos il vous faut des outils. Vous avez le choix entre du gratuit et du payant, du simple et du plus compliqué. Le mieux, c'est évidement de maitriser Photoshop ou Photoshop Element : mais rien ne vaut une formation sur ces logiciels. Le deuxième étant simplifié, donc plus accessible et moins cher (90 €).

Pour ma part c'est ce que j'ai fait en centre de formation et cela me suffit amplement. Ulrich Vallée, expert e-commerce a créé une formation Photoshop spéciale pour le e-commerce : tout ce que vous devez savoir pour faire de belles photos et au bon format pour votre site. Vous trouverez l'accès à cette formation via ce lien : http://bit.ly/2Vjxtu7

www.canva.com est un outil gratuit qui vous aidera beaucoup pour la mise en page de vos photos, créer des montages et super simple d'utilisation, sans connaissance.

https://pic-collage.com/ : également très facile d'utilisation

http://www.thegimp.fr/ : simple aussi

www.postcreator.com : outil simple pour la création de vos images sur les RS.

www.photopea.com à la place de Photoshop pour ceux qui n'ont pas bcp de sous.

www.photoiltre.com : logiciel de retouche d'images. https://www.pixelmator.com/pro/

https://elements.envato.com/ : ressources illimitées graphiques

www.99design.com pour faire votre logo.

IMPORTANT : Toutes vos photos mises en ligne sur votre site internet doivent avoir une résolution de 72 dpi maximum et faire moins de 100 ko afin de ne pas ralentir le chargement du site. De plus, n'oubliez surtout pas de remplir la balise ALT sur chaque photo qui vous aidera pour le référencement de votre site.

Photos : trouver des photos

Sachez qu'il est absolument interdit d'utiliser des images prises sur Google car ce sont le plus souvent des images non libres de droit. Donc si vous ne voulez pas recevoir une lettre d'un avocat vous réclamant des droits, sachez qu'il existe différentes solutions.

Vous allez sur les sites suivants, qui vous proposent des images libres de droit, à utiliser comme bon vous semble. Les logiciels ci-dessous sont gratuits :

www.pixabay.com
www.reshot.com
www.unsplash.com
www.adobestock.com ex Fotolia
www.burst.com
www.pixelmator.com
www.pagemodo.com pour une belle photo couverture
www.shutterstock.com/fr : celui-ci est payant soit par achat d'image à l'unité, soit par abonnement
https://elements.envato.com/ pour créer vos ressources graphiques diverses

Photos : mini studio photo

Mini studios photos pour vos produits e-commerce : https://fr.packshot-creator.com/

Lightbox LED Mini Box Tente Kit Cube Toile de Fond : j'ai acheté celle-ci qui me convient très bien, mais ne vous faites pas avoir car je l'ai vue de 7 € à 120 €.

Planificateur de mots clés

https://ads.google.com/home/tools/keyword-planner/
https://www.keyword.io/

POD

Vous voulez vous démarquer avec votre boutique de dropshiping et proposer des articles originaux : faites du POD (Print On Demand) ou impression à la demande. Cela consiste à proposer des articles personnalisés (à partir de vos propres

designs) qui seront imprimés et expédiés seulement une fois le produit commandé par le client. Vous n'aurez donc ni gestion de stock, ni l'envoi.
Pour vos impressions sur demande, vous pouvez les faire sur les sites suivants, que votre boutique soit sur wordpress ou Shopify, vous trouverez la solution :
www.huffpost
www.wefollow.com
www.mashable.com
www.printful.com
www.printify.com
www.teelaunch.com
www.gooten.com
www.teezily.com

Programmer en automatique
https://meetedgar.com/

Prompteur
Si vous voulez être plus à l'aise devant votre caméra, vous pouvez utiliser un prompteur. L'inconvénient : vous devez écrire tout le script. Et entrainez-vous à parler comme si ce n'était pas une lecture !
https://www.easyprompter.com/ pour PC, gratuit
Teleprompt+3 pour IOS
http://www.prompt.it.com-au : 99$

QR code
Unitag.io très facile d'utilisation pour insérer des QR codes dans vos livres ou autres.

Questionnaire
www.surveymonkey.com
https://docs.google.com/forms/

Rajouter une inscription manuscrite sur un PDF
Pour finir de convertir un client, vous aimeriez rajouter quelques

annotations manuscrites cette fois, sur le document.
Vous pouvez le faire :

- avec photoshop
- avec Pages sur Mac
- avec www.copydoodles.com

Relations presse
Je vous ai déjà donné mon formateur : Jérémy Chauvin via www. seduirelapresse.fr

Vous pourrez trouver AlgoLinked : un outil de mise en relation avec les journalistes qui vous permet de piloter vous-même vos relations presse. www.algolinked.com

Répondre en vidéo à un client
www.loom.com : Plus rapide que n'importe quel email, enregistrez votre écran sous format vidéo et partagez-le à vos contacts sans avoir à télécharger de logiciel ni à faire de manipulations compliquées. Voici ce que propose Loom, un plugin de navigateur qui propose de capturer l'écran en vidéo pour ensuite s'en servir comme support de travail ou comme moyen de communication.
Soyez original et surprenez votre interlocuteur en lui faisant une réponse sur mesure. Même en e-commerce, si un client vous pose une question entre 2 produits. Vous filmez et argumentez en même temps. Vous pouvez montrer votre visage dans un coin, vous le rassurez. L'impression d'entrer dans votre boutique physique et remettre l'humain en avant. En plus ce logiciel est gratuit. Il vous suffit juste d'installer l'extension Chrome.
Vous enregistrez et vous récupérez votre lien à copier-coller et à envoyer à votre client.

Sites internet ou hébergeur de blog
Pour information, si vous avez déjà votre site internet mais qu'il a plus de 3 ans, il est obsolète pour le référencement Google. De plus il doit obligatoirement être en « https », c'est-à-dire

sécurisé.

La plateforme la plus connue est Wordpress. Vous pourrez y faire votre site vitrine, ou votre blog. Vous pouvez le créer seul mais une formation est bienvenue car elle est gratuite. Vous pourrez avoir besoin d'un webmaster pour les mises à jour.

Wix : Simple à prendre en main, idéal pour votre site vitrine. Vous n'aurez jamais besoin d'un webmaster et avez la main sur presque tout. C'est sur Wix que j'ai appris à construire mon premier site. La prise en main est simple toute seule, mais c'est idéal d'être accompagné pour apprendre à construire votre site selon le référencement naturel. L'accès à Wix est payant mais peu onéreux, à partir de 4,50 € par mois.

Standard téléphonique

Vous avez un site internet ou vendez des infoproduits, mais vous ne voulez pas laisser votre portable car les personnes ne font plus la différence entre le jour et la nuit derrière leur ordinateur. Voici des outils qui vous seront utiles :

https://www.ovhtelecom.fr
https://www.standardfacile.com lance le numéro vert facile pour vous
https://www.ereceptionist.fr

Synonymes

Pour votre référencement naturel, vous aurez besoin de mots-clés, mais aussi de synonymes pour faire vos longues traines. Voici des outils qui vous aideront dans cette démarche.

http://crisco.unicaen.fr/des/
http://www.synonymo.fr/
https://www.rimessolides.com
http://cnrtl.fr/outils

Tendances : trouver des idées de tendance

Vous voulez faire du e-commerce notamment en dropshiping, et vous cherchez des idées de produits à mettre sur votre boutique. Vous pouvez aussi trouver de l'inspiration des

tendances à venir pour créer votre marque.
www.trendhunter.com : tous les produits tendance à venir.
www.junglescoot.com : pour vous aider à trouver des produits sur Amazon.
www.ledenicheur.com : c'est un tool qui va vous permettre de trouver des produits winner.
www.trends.google.com : présentation détaillée de l'outil Google Trends présentant les tendances des recherches effectuées par les internautes sur Google.
https://alltop.com/
https://fancy.com/
https://www.toptenz.net/

Textes : sous-traiter l'écriture

Vous devez rédiger des articles invités pour faire connaître votre blog que vous irez déposer sur d'autres blogs. Si l'écriture n'est pas votre fort, déléguez ! www.textbrocker.com

Timer dans un mail :

https://niftyimages.com

Traduire votre site internet sur Shopify

Pour traduire votre site en anglais en plus du français, il est vraiment déconseillé de prendre une application qui traduit votre site : parce que la traduction ne sera pas parfaite.

- parce que votre site ne sera vraiment pas optimisé pour le référencement naturel de Google dans les pays anglo-saxons car les mots- clés traduits ne seront pas forcément les bons mots-clés à utiliser. Cela peut avoir un fort impact.
- Il est donc conseillé d'avoir un site en français et un site en anglais. Mais si vous cherchez une application pour démarrer en attendant, en voici quelques-unes : Weglot, Panda, Langify

Transport

Pour ma boutique en ligne, je devais choisir mes solutions de transport pour envoyer moi-même mes stocks. J'ai étudié toutes

les possibilités et les tarifs. J'ai interrogé la Poste, UPS, TNT et j'étais assez effrayée de voir les tarifs proposés. Entre 16 et 20 euros l'envoi pour une solution en 24 ou 48h. J'ai cherché d'autres solutions et j'ai trouvé une plateforme d'envoi en ligne : www.upela.com par laquelle je prépare tous mes envois en relais colis. J'imprime les étiquettes chez moi et je vais déposer en boutique. Je suis débitée une fois par mois de ma facture. Vous pouvez aussi envoyer via TNT ou UPS, vous choisissez ce qui vous convient le mieux et les tarifs sont nettement plus compétitifs qu'en direct.
En faisant du réseautage, un entrepreneur local venait de reprendre une franchise de transport www.mbe.com. Actuellement, je travaille avec eux pour tous mes envois en 48h. J'ai pu négocier des tarifs encore plus intéressants et j'ai une relation humaine en plus pour tous mes devis. Mail : mbe2599@mbefrance.fr.

Tunnels de vente

Pour vendre votre produit en tant qu'infopreneur ou e-commerçant, vous aurez besoin de créer une page de vente, une page de capture, une base mail, des webinaires, de l'automatisation. Vous aurez besoin d'un logiciel pour monter votre « *tunnel de vente* ».

Qu'est-ce qu'un tunnel de vente ? C'est un entonnoir dans lequel nous allons faire glisser le prospect pour le séduire et petit à petit le pousser à l'acte d'achat. Tout au long de ce parcours, vous allez le courtiser, puis le séduire, puis lever ses derniers freins ou arguments qui l'empêchent d'acheter afin qu'il finisse par vous dire ok.

- Clickfunnel : La Rolls Royce du marché en termes d'ancienneté et de performance. Vous pouvez tout faire avec CF du tunnel de vente, les mailings et la vente. Vous n'avez pas besoin de site internet pour vendre une formation. Vous pouvez également héberger vos formations.

Bénéficiez de 14 jours gratuits en passant par ce lien : http://bit.ly/2OikZuU

- OptimizePress : un outil complet sur le marché pour les pages de vente, mais aussi votre ebook, des cours en ligne, des pages de vente de séminaire, etc. http://bit.ly/2OkZg5M

En France, des systèmes complets de marketing automation, des hébergements de formation, des auto-répondeurs : en passant par les liens, vous bénéficiez de 14 jours offerts.

- Systeme.io : Une solution tunnel de vente et auto-répondeur. L'équipe d'Aurélien Amacker peut vous coacher, vous aider à rédiger et monter votre tunnel de vente. http://bit.ly/2yIxQl9.
- Wolfeo : Une solution complète de système d'automatisation, d'auto-répondeur, et d'agence webmarketing gérée par Kévin Hanot. Il vient de lancer « Socialy » pour automatiser toutes vos publications RS. http://bit.ly/2Qcr7a6
- Learnybox : www.learnybox.com : un système tout en un et ouvert qui comprend plus de 20 services : de l'autorépondeur, à l'hébergement de vos formations, en passant par les webinaires, un outil ultra-complet. Vous pouvez soit prendre les outils en interne, soit lier votre autorépondeur déjà en place. http://bit.ly/2W5eUqG
- Kooneo (peu coûteuse et pas d'abonnement) Solution pour créer votre tunnel de vente. www.kooneo.com

- Dédiés au tunnel de vente e-commerce :

- Fastlane funnel : Si vous êtes sur Shopify, et que vous avez le thème Fastlane, c'est très facile de monter un tunnel de vente produit physique. Je l'utilise sur mes sites. http://bit.ly/2Vjxtu7

Je vais rajouter ici Wordpress, dont je découvre les possibilités pour mon site https://valerieficheux.fr. Je vous avoue que je suis impressionnée. Je délègue à un webmaster qui me dit oui à chaque fois que je demande s'il est possible de rajouter quelque chose…Comme par exemple, une page de vente, mais aussi mettre un calendrier de prise de rendez-vous, vendre des formations et bien sûr coupler votre auto-répondeur. Sans compter un design personnalisé. Du sur-mesure aux petits oignons sans abonnement mensuel. Merci Aurélien Tissot de Ariolica pour ta réalisation. https://ariolica.fr

Twitter

Si vous voulez installer une extension pour aller faire du follow automatique des personnes dans notre niche :

Extension chrome : Linkedin pixel helper

Mass follow for Twitter

Twitter Follower

Veille

https://www.google.fr/alerts : programmez des mots clés sur lesquels vous voulez être alerté quand on parle de vous.

http://socialmention.com/ permet de voir ce qui ressort sur les réseaux sociaux.

https://www.owler.com pour suivre une grosse entreprise.

Les outils de lux RSS à combiner avec Pearltrees.

https://feedly.com : vous pouvez créer des catégories de mots-clés à suivre.

https://www.netvibes.com/fr : plus complexe mais plus puissant.

Vendre votre site internet

Voici des plateformes pour mettre en vente votre site internet dropshipping ou non.
https://exchangemarketplace.com, Isabelle N'Guyen et maintenant Dropizy.
Vous pouvez aussi voir les associations dans la partie « *Argent* » de ce livre.

Vérifier le 20/80 texte-image pour Facebook

Votre texte sur votre image de post Facebook ne doit pas faire plus de 20% de l'image. Votre publicité sera bien sûr validée, mais Facebook réduira sa portée et vous facturera plus cher.
Pour vérifier, il y a un outil dans Google qui s'appelle outil de vérification de superposition de texte :
https://www.facebook.com/ads/tools/text_overlay

Vitesse du site

Quand votre site est fini, n'oubliez pas d'analyser la vitesse de téléchargement de votre site… s'il passe les 7 secondes, le prospect aura déjà fait demi-tour.
www.gtmetrix.com

Webinaires, lives

Vous vous lancez dans l'infopreneuriat, vous avez besoin d'organiser des rencontres en live (présentiel) avec votre communauté mais chacun chez soi.

Pour le e-commerce, *pourquoi ne pas proposer un live à vos clients pour répondre en direct à leurs questions, ou expliquer vos produits ?* L'occasion de créer du lien plus proche avec eux et fidéliser.
Vous avez le choix entre les outils gratuits :

- le live Facebook via votre page FB
- le live Instagram
- Skipe pour un face à face ou à plusieurs

- Ecamm live
- Zoom pour une réunion à plusieurs ou face à face.
  - Et les logiciels payants plus évolués :
- Webinar Jam
- Go to Webinar

- mais aussi Learnybox : http://bit.ly/2W5eUqG

Partie 4 :
L'ARGENT

« L'argent est un outil, il n'apporte pas le bonheur »

Gagner de l'argent c'est bien, mais cela ne se fait pas n'importe comment. Vous devez respecter la législation française mais pas seulement. Si vous faites du dropshipping, vous devrez vous assurer d'être à jour avec les douanes et avec la TVA des pays où vous envoyez vos livraisons.

Vous devrez d'abord déclarer votre activité avant toute chose, un statut étant disponible pour chaque situation. Faites attention si vous avez prévu de développer une profession réglementée. Vous pouvez vous faire fermer votre boutique si vous n'avez pas fait les déclarations nécessaires.

Maintenant que vous avez fait votre business plan, établi votre projet, fait votre business model, protégé votre marque, mis en œuvre votre projet et établi votre stratégie marketing, il est grand temps de mettre en place votre statut juridique et faire vos formalités administratives. Vous aurez peut-être besoin de financements, d'aides ou de subventions. Je vais vous partager mon expérience, pour faire avancer la vôtre.

« La meilleure façon de démarrer quelque chose
est de cesser de parler et commencer à agir ».

Walt Disney

1. Quel statut choisir ?

N'hésitez pas à vous rapprocher de votre expert-comptable afin d'étudier votre situation. Chaque personne a une situation à l'instant T différente. Personne ne peut vous conseiller quel statut choisir en dehors d'un expert-comptable. Tout dépend de votre situation personnelle et de votre objectif. La mode est à la SAS mais à tort. Il faut savoir que si vous prenez un salaire, les charges sont plus importantes sur la SAS que la SARL.

- Personnellement, j'ai une SARL et une SAS car les objectifs sont différents. Mais les deux fois, j'ai pris rendez-vous avec mon expert-comptable pour en discuter. Rapprochez-vous absolument d'un conseiller professionnel. Prenez le temps d'une consultation qui pourra vous faire économiser sûrement beaucoup d'euros par la suite. Ensuite j'ai fait seule les formalités pour limiter les frais.
- Il vous faudra rédiger vos statuts. Vous trouverez des trames sur internet. Je suis passée par un site d'avocats et j'ai payé 19 € mes statuts.
- Il faut faire votre annonce légale, soit en ligne, soit directement au journal d'annonce légale.

A. SARL et l'EURL

C'est le statut le plus souvent choisi pour sa souplesse et qui permet au créateur de se développer tout en le protégeant au mieux. Il n'est responsable que dans la limite de ses apports. Mais il est responsable civilement et pénalement.
La direction est assurée par un gérant personne physique.

- EURL : Entreprise Unipersonnelle à Responsabilité Limitée (1 seul associé). Il dépend du régime social des travailleurs non-salariés (ex RSI). Imposition à l'IRPP (option pour l'IS).

- SARL : Minimum 2 associés. La direction est assurée par le gérant. Si le gérant est majoritaire, il dépend du régime social des travailleurs non- salariés (ex RSI). Si le gérant est égalitaire ou minoritaire, il est rattaché au régime général de la sécurité sociale. Imposition à l'IS (Impôt sur les sociétés).
- Un dépôt de capital d'un minimum de 1 € doit être fait. Au plus votre capital est important, au plus vous êtes crédible auprès de vos fournisseurs et vos clients en B to B surtout. Il pourra être libéré après l'enregistrement et la réception de votre Kbis par la banque.

B. SA, SAS, SASU

En général, ce type de société est prévu dans le but d'un projet capitalistique important.

La SA (Société Anonyme) est pour 7 associés au minimum. Le dirigeant est Président. Il est au régime général de la sécurité sociale. Il faut savoir que si vous prenez un salaire, les charges sociales seront plus importantes sous ce statut que la SARL.
Dans le cadre de l'entrepreneur en webmarketing, on utilisera la SAS (Société par Actions Simplifiées) ou SASU en cas d'un associé Unique. Un dépôt de capital est nécessaire, le montant est libre. La responsabilité des associés est limitée aux apports. Il est responsable civil et pénal. L'imposition est à l'IS.
Vous devez établir des statuts. Il faut tout prévoir, y compris la revente ou le décès si vous êtes plusieurs associés. En cas de complexité, prenez un avocat spécialiste.

C. EIRL

C'est une entreprise individuelle qui limite la responsabilité de l'entrepreneur à son patrimoine professionnel. Le statut d'auto-entrepreneur n'existe plus à ce jour, il est rattaché à ce statut. Fiscalement, il est au régime de l'impôt sur le revenu ou option pour le régime de l'impôt sur les sociétés sous certaines conditions.

Il faut savoir que si votre entreprise évolue bien, il vaut mieux passer rapidement à l'EURL qui est nettement plus favorable et moins risquée pour votre patrimoine. Vous devrez lister tous les éléments de votre patrimoine professionnel, qui sera publiée afin d'informer vos créanciers de vos garanties. L'enregistrement se fait au CFE.

D. PORTAGE SALARIAL

Encadré par la loi du 25 juin 2008 et la convention collective du 1er juillet 2017, le portage salarial permet (sans créer d'entreprise) au professionnel indépendant de proposer ses services à ses clients, en déléguant la gestion administrative de son activité tout en bénéficiant des avantages du statut de salarié. Ce statut est surtout possible pour les métiers de service, donc les infopreneurs. Pour le e-commerce, vu les achats de produits, il faut mieux faire une société et récupérer la TVA en plus. Si vous êtes formateur, vous pouvez bénéficier d'un numéro d'agrément.
Les avantages : pas la lourdeur de la gestion comptable d'une société, vous vous retrouvez avec un CDI ou CDD, une couverture chômage et la retraite d'un salarié. La commission varie de 5% à 8% selon les sociétés, mais vous n'aurez pas de frais de comptabilité.

Exemple d'entreprise de portage salarial :
www.prium-portage.com
www.itg.fr

2. Comment faire ses formalités de démarrage ?

À votre niveau de créateur d'entreprise, vous pouvez faire des économies en faisant tout par vous-même. C'est ce que j'ai fait. Sinon il vous en coutera entre 1000 et 2000 € pour constituer votre société par des professionnels qui s'occuperont de tout. Vous devrez aller au Centre de Formalité des Entreprises (CFE) de la Chambre du commerce de votre siège social. Le CFE est l'interlocuteur unique qui va centraliser votre demande.

Quel est le but de ces formalités ?

- Obtenir la carte d'identité de votre entreprise : le KBIS qui donne naissance à votre entreprise.
- Transmettre aux différents organismes et administrations intéressés par la création d'entreprise.

- ***Quelles sont les tâches à faire ?***
- Vous devez respecter une chronologie :

- Faire vos statuts.
- Ouvrir un compte en banque en donnant vos statuts à la banque et déposer le capital. On vous remettra un récépissé de dépôt.
- Vous rédigez votre annonce légale que vous allez enregistrer. Il vous faudra payer (prix en fonction de la longueur de votre annonce). Vous recevrez un récépissé de dépôt.
- Vous remplissez le formulaire M0 Cerfa n° 11680*03 si vous créez une SARL, ou le formulaire M0 Cerfa n °13959*04 en cas de SAS/SASU.
- Vous allez ensuite au CFE. Vous pouvez le faire par internet mais y aller c'est bien pour vérifier que tout est bon et payer le dépôt (<50 €). Vous donnerez donc le M0, les statuts, les 2 récépissés de dépôts. Vérifiez ce qu'il faut d'autre, style CNI, etc.
- Attention : Si vous exercez une activité réglementée (débit de boissons, etc...), vérifiez que vous remplissez bien les conditions requises (diplôme, qualification professionnelle) pour obtenir l'agrément ou l'autorisation nécessaire à

l'inscription au Registre du Commerce et des Sociétés. Adressez-vous aux organismes professionnels ou syndicats ou la mairie.

- Au bout de 10 jours vous recevrez votre Kbis par la poste et également les courriers des impôts avec votre numéro de TVA (vous pourrez peut-être avoir besoin de donner des renseignements complémentaires avant), de votre URSSAF ou RSI avec votre numéro de SS.
- ATTENTION !!! Vous recevrez surement des documents qui vous paraitront officiels (INSEE et autres organismes), qui vous demanderont de régler une facture sous 15 jours en général. Les factures tournent entre les 200 et 500 euros en moyenne. NE PAYEZ PAS, C'EST UNE ARNAQUE.

Demandez TOUJOURS à votre expert-comptable quand vous recevez une facture de ce type à payer. J'en ai vu passer plus d'une sous mes yeux, même de l'Urssaf, et des fois j'ai vraiment eu des doutes. Je vous ai pris en photo la dernière que je viens de recevoir pour que vous ayez une idée. C'est souvent la même présentation (voir QR codeci-contre).

Franchement ce n'est pas compliqué de faire toutes ces démarches seul.e. Si vous êtes juste en trésorerie, cela vous fera économiser de l'argent (environ 2000 € en passant par un homme de loi). Vous pourrez l'investir plutôt dans votre budget marketing pour démarrer. Contactez un professionnel si votre montage est complexe ou si vous avez de la trésorerie.

3. Choisir sa banque

Vous avez les banques traditionnelles et les banques en ligne. Pour ma sacoche j'ai voulu jouer la proximité avec une banque traditionnelle et je n'avais pas encore vraiment découvert le milieu du web entreprenariat. J'ai pris rendez-vous dans une banque française. Quand je suis arrivée : « *ma pauvre dame, chez nous le e-commerce est black-listé, je ne peux même pas vous écouter. Je vous souhaite bonne chance !* » Cela remonte le moral.

Pour les autres de toute façon, n'attendez rien si vous démarrez : pas de financement de stock, ni de trésorerie. Elles sont justes là pour encaisser vos recettes.

Et pour la prise d'une boutique ? Pour ma deuxième boutique en ligne, j'ai choisi une banque en ligne pour les sociétés faite par des entrepreneurs. La petite banque française qui monte : QONTO. Avec une application géniale qui donne un accès en ligne à votre expert-comptable. Vous possédez en même temps une carte virtuelle pour vos achats sur le net et une carte physique. Si vous n'êtes pas en société, il existe N26 (la banque à 0 frais), REVOLUT, BUNQ, TRANSFERWISE.

4. Les assurances

Ceci est un poste à ne pas négliger. Il faut l'étudier et le mettre en place avant de démarrer. Une entreprise est forcément exposée à des risques, vous allez investir dans votre tranquillité. Vous devez avoir à minima une RCPro (responsabilité civile professionnelle). Si vous avez du stock, assurez votre stock.

Et on peut rajouter le vol, le feu, les piratages informatiques, les commandes annulées, les intempéries, les locaux, les accidents du travail, les clients, les fournisseurs, le transport de vos marchandises, vos revenus en cas de maladie et le paiement des charges fixes, etc.

Vous comprenez qu'il est indispensable de rencontrer un

courtier en assurance qui vous proposera un contrat en fonction de vos besoins. C'est INDISPENSABLE. Sachez que la complémentaire santé est obligatoire. Il faut donc assurer le dirigeant, les biens et l'activité de l'entreprise, et les salariés le cas échéant.

5. Faire sa comptabilité

Si vous créez votre entreprise, il est vivement conseillé de prendre un expert-comptable. Il vous fera notamment vos déclarations de TVA chaque mois, votre bilan comptable une fois par an. Sa rémunération est à définir avec vous, soit un tarif mensuel, soit un % du chiffre d'affaires.

Sinon vous pouvez vous aider de petits logiciels de comptabilité, comme par exemple : www.macompta.fr

6. Le budget prévisionnel

Il est indispensable pour mettre en chiffres votre projet et vérifier s'il est viable ou non. Il sera surtout nécessaire si vous avez besoin de trouver un financement bancaire ou associatif. Un budget prévisionnel comprend principalement pour nos activités :

- un plan de financement ;
- un compte de résultat avec seuil de rentabilité ;
- pour des plus gros projets, il vous faudra un plan d'investissement, les amortissements, les charges externes.

Pour faire votre budget prévisionnel, vous pouvez le faire avec votre expert-comptable ou avec des associations d'aide au retour à l'emploi (ITA, ACEC, etc.) C'est gratuit sur rendez-vous.

7. Trouver des financements

Avant de chercher des financements, demandez autour de vous, la famille et les proches. Il existe des documents officiels de reconnaissance de dettes (formulaire 2062 A).

Pôle emploi

Si vous êtes demandeur d'emploi, vous pouvez bénéficier d'aides. Celles-ci viennent de changer. Étudiez votre cas avec votre conseiller Pôle emploi. Principalement, vous pouvez garder votre aide mensuelle le temps que vous ne prenez pas de revenus, pendant que votre activité démarre. Vous pouvez transformer cette mensualité en capital versé en partie, en deux fois à 6 mois d'intervalle.
Vous pouvez étudier si vous avez le droit à des formations complémentaires. Si vous avez un compte emploi formation, Pôle emploi devient votre employeur et vous devez voir avec eux pour valider les formations. À la création de la société, vous devez déclarer si vous êtes demandeur d'emploi pour bénéficier de l'Accre.

L'Accre : l'Aide aux chômeurs créateurs ou repreneurs d'entreprise.

L'Accre n'est pas réservée qu'aux chômeurs (voir les conditions). Vous serez exonéré de charges sociales pendant 1 an si vous prenez des revenus et ce sera dégressif pendant encore 2 ans.

Vous trouverez plus d'informations sur www.emploi.gouv.fr : https:// travail-emploi.gouv.fr/emploi/creation-ou-reprise-d-activite/article/aide-aux-chomeurs-createurs-ou-repreneurs-d-une-entreprise-accre

Le Nacre est remplacé depuis 2018 par le MPE : Mon projet d'Entreprise

Il est obligatoirement couplé à un prêt bancaire, prêt à 0% sans garantie jusque 8000 €. Il peut financer les éléments incorporels du projet, soit le stock, la trésorerie, la publicité, etc.

Prêt Bancaire

Si vous êtes au chômage, aucune banque ne vous prêtera, sauf peut-être Créasol (groupe Caisse d'Épargne) qui soutient les chômeurs selon conditions. Vous pourrez/devrez trouver des organismes qui vous serviront de garantie bancaire.

Crowfunding

C'est un mode de financement participatif sur internet. Il existe de multiples plateformes, parfois thématiques. Les plus connues sont Kiss Kiss Bank Bank, Ulule, My Major Company.
Vous ouvrez une cagnotte, dont vous fixez un montant à atteindre. Si le montant est atteint ou dépassé, vous récupérez le tout. Si l'objectif n'est pas atteint, vous ne touchez rien. Vous présentez votre projet sur votre page qui ressemble à un site internet. Vous pouvez donner des contreparties pour stimuler les gens à investir. Vous communiquez sur les réseaux sociaux pour faire connaître votre campagne.

Micro crédit

Pour aider les entrepreneurs et les créateurs, vous pouvez trouver diverses associations souvent financées par l'Europe, pour obtenir des micro-crédits.
La plus connue est l'ADIE : https://www.adie.org/
Allez voir leurs conditions. Vous pouvez bénéficier d'aide à la RCPro et autres avantages. Le taux peut paraitre élevé mais les montants sont petits, cela reste intéressant.

Prêt d'honneur

Il existe différents organismes pour obtenir un prêt d'honneur limités à un secteur géographique ou pas. Ils peuvent vous prêter un montant déterminé selon votre projet, taux à 0%, financé aussi par l'Europe. Vous devez présenter et argumenter votre projet devant un jury, ensuite vous serez accompagné pendant 3 ans.
Vous trouverez différents prêts d'honneur :

- Le prêt d'honneur innovation, jusqu'à 30 000 € chez Initiative par exemple.

- Le prêt d'honneur création, ce dont j'ai pu bénéficier chez Initiative Terre d'Azur pour financer une partie de mon stock. Les montants varient de 7 000 à 15 000 €. Prêt à taux 0 %. Prêt personnel.
- Le prêt d'honneur Reprise pour reprendre une entreprise existante.
- Le prêt d'honneur croissance pour aider au développement de l'entreprise.
- Le prêt d'honneur initiative remarquable.
- Le prêt d'honneur agricole.

À vous de vous renseigner auprès de diverses associations en fonction de votre activité. Si vous êtes une femme, vous avez un choix spécialisé. Je vous cite les principales associations dans le chapitre 9.

Business Angels

Les business angels sont des investisseurs qui veulent aider des startups en général moyennant un rendement un peu plus important compte tenu du risque pris.
Ils vous apportent leur temps, leurs compétences, leur carnet d'adresse.
Une adresse pour les trouver : http://www.franceangels.org/

Une autre plateforme découverte au salon des entrepreneurs à Lyon met en relation les startups et les financiers :

"StartupPlace.io est le premier site internet qui facilite les mises en relation d'affaires ainsi que les démarches d'open-innovation entre entreprises et startups. L'objectif fondamental est d'aider chacun à saisir toutes les opportunités business pour se développer à court, moyen et long terme.

StartupPlace.io est aussi un moteur de recherche multicritères pour cibler les business recherchés.

Les investisseurs, distributeurs, entreprises, experts, et toutes les personnes concernées par les startups possèdent leur compte individuel sur StartupPlace. Ils reçoivent leur propre newsletter contenant uniquement les informations des startups qu'ils suivent.

Les startupers mettent en visibilité leurs produits ou services à travers leur propre page. Cette page regroupe des informations précises et utiles pour les décideurs. En mettant régulièrement à jour sa page, la startup donne à son écosystème les bons signaux structurels de son évolution. Les posts d'actualités viennent compléter la visibilité de l'activité de la startup. »

Banque

N'oubliez pas votre banque ! Mais si je ne l'ai pas mise au départ, c'est parce qu'en tant que créateur c'est compliqué. Elle ne finance pas le stock, elle ne finance pas la trésorerie, vous n'avez pas le droit au découvert car vous démarrez (ou autorisé 15 jours !).
Je prends une boutique, j'ai des travaux à faire. Je suis allée voir ma banque pour savoir si sur ce sujet je peux espérer quelque chose. La réponse est oui ! Enfin…

8. Financer ses formations

- Si vous êtes encore salarié, profitez pour demander à votre employeur d'utiliser votre compte formation. Ces formations sont financées par les fonds de formation obligatoire.
- Si vous êtes au chômage, c'est Pôle Emploi votre référent à la place de votre employeur. Il faut savoir que Pôle emploi a des taux horaires très bas.
- Vous pouvez trouver des MOOC : ce sont des cours en ligne accessibles à tous. Vous trouverez des cours très intéressants et gratuits. J'ai pris mes cours en design thinking de cette façon.
- Vous avez également une plateforme de cours en ligne, pas très chère : www.udemy.com où j'ai pu acheter une formation Instagram à 7 € !
- N'oubliez pas la CCI (Chambre du Commerce et de l'industrie).

- Inscrivez-vous, vous recevrez les plannings de formation, soit en journée, soit entre 12 et 14h. J'ai pu ainsi bénéficier d'une formation RGDP avec la Cyber-gendarmerie. Mais aussi sur l'art de faire une vitrine pour ma boutique, ou le parcours client dans une boutique. Elle organise également des rencontres networking.
- Avant d'acheter une formation en ligne, demandez toujours si l'intervenant n'a pas un numéro d'agrément pour sa formation. Vous pourrez ainsi la faire prendre en charge par le compte formation de votre entreprise.
- Si vous voulez agréer vos formations, adressez-vous à Leandro Lohazic, spécialiste des mises en place de formations agréées.

9. Des salons, des associations pour vous aider à construire votre projet

Salon

Vous pouvez compter sur le Salon SME (le Salon des indépendants) à Paris, porte Maillot, pour prendre les conseils d'expert, ou les « salons de l'entrepreneur».

Par exemple :

- Vous voulez créer votre entreprise ? Rencontrez les associations d'aide pour monter votre projet.
- *Vous rencontrez bientôt votre banquier pour lui parler de votre projet ?* 5 conseils en or pour réussir votre partenariat.
- *Vous voulez mettre en place une campagne Adwords ?* Comment bien mesurer votre investissement pour optimiser vos résultats ?
- Découvrez la vision d'un coach émérite pour réussir vos interventions en public.
- Assistez à une multitude de conférences, etc.

J'y suis allée, des rencontres enrichissantes, l'opportunité de pouvoir discuter facilement avec des personnes de Google, rencontrer les fondateurs de 5euros.com ou de mon auto-répondeur (SG Autorépondeur), trouver mon logiciel de caisse pour ma boutique à venir, etc. Si vous cherchez des idées de franchise, vous trouverez aussi des exposants.

Associations ou entreprises :

Je vous liste ici quelques associations pour vous accompagner à la mise en œuvre de votre business, à l'accompagnement, à la reprise, à la croissance ou au financement :

- Initiative France (pour moi c'était Initiative Terre d'Azur, pour Paris, c'est Initiative Ile de France).
- BGE
- Parcours confiance
- France Active : www.franceactive.org
- Réseau entreprendre
- CCI : entreprises.cci-paris-idf.fr

- Agence France Entrepreneur : www. afecreation.fr
- Créatif : www.creactifs.com
- start.fr
- DreamTakeoff : www.dreamtakeoff.com Pour les femmes :
- Femmes Business Angels
- Force femmes
- Entreprendre au féminin (groupe Caisse d'Épargne)
- Les Premières : réseau d'entrepreneures innovantes
- Action'elles
- CNIDFF
- Elles entreprennent
- Générations #startuppeuses
- The place to bees sur Lyon

Et pour finir, pour ne rien oublier ni personne, appuyez-vous sur aides-entreprises.fr, qui offre une information complète et actualisée sur plus de 1700 aides aux entreprises à l'échelle locale, nationale ou européenne. Il oriente le demandeur vers l'interlocuteur de référence sur chaque dispositif visé. Il s'agit de la base de référence sélectionnée par l'État en raison de sa robustesse, de la qualité des mises à jour régulières, de son exhaustivité dans le champ des aides financières et de son homogénéité géographique.

10. Transmission et reprise d'entreprise

Savez-vous que 60 000 transmissions d'entreprise s'effectuent chaque année ? Et que 90 % d'entre elles comptent moins de 50 salariés ? Et que 183 000 € est le montant au-dessous duquel sont effectuées la moitié des transactions de TPE-PME ?

Si vous êtes intéressé, il existe un réseau qui dépend du ministère de l'économie et des finances afin de favoriser la transmission et la reprise d'entreprise en France (le réseau Transmettre et Reprendre).

www.afetransmission.fr

11. Que faire avec mon argent ?

Votre affaire tourne bien, vous commencez à avoir de la trésorerie, investissez ! Pas dans une Porsche, une Rolex ou une Lamborghini, même si cela vous démange car cette voie ne vous mènera pas vers la richesse.

Investissez dans votre entreprise. Ré-injectez l'argent soit dans du personnel qualifié pour accroitre vos parts de marchés, soit dans du matériel, soit dans des projets. Il vous faut un effet de levier pour gagner plus. Empruntez si vous avez besoin. N'oubliez pas : qui paye ses dettes s'enrichit.

Ensuite, vous diversifierez vos placements selon vos affinités, vous pourrez investir dans de l'immobilier, mais attention pas n'importe comment. Il ne s'agit pas de mettre tous vos revenus locatifs dans les impôts. *Savez-vous que les revenus locatifs sont les plus taxés ?* Tranche marginale d'imposition + CSG et CRDS.

Il faut donc vous former pour faire de l'immobilier ou vous rapprocher de personnes compétentes. Suite à mes différentes participations à des séminaires, je vous cite ici des personnes influentes qui ont réussi et peuvent vous conseiller.

- Pierre Ollier
- Yann Darwin
- Romain Caillet

- Raphael Carteni
- Laurent Fouque
- et bien d'autres, chacun sa technique, entre le meublé, la doublette, les colocations, le saisonnier, etc.

Vous pouvez investir dans la bourse ou faire du trading. Attention car ce sont des jeux dangereux. Statistiquement, les traders perdent 10.000 € au démarrage… À méditer.
J'ai participé au séminaire « PRA » à Paris. Ils nous ont fait découvrir un logiciel pour contrôler à votre place les émotions à gérer lors du trading, là où réside la difficulté :

www.arya-trading.com

- Vous pouvez investir dans les crypto-monnaies : là aussi, prudence, formez-vous. J'ai assisté à une conférence de Xolali Zigah, une pointure en bitcoin.

- Vous pouvez investir dans les paris sportifs long terme et atteindre des rentabilités de 30% (attention je dis bien « long terme »). Le plus connu dans ce domaine est Maxence Rigottier : les paris sportifs long terme : http:// bit.ly/ 2OoidEO
- Vous pouvez investir dans des startups en tant que business angels. Vous pouvez vous former pour mettre en place votre retraite anticipée :

"*Objectif Retraite*", de G. Lagrange avec tout le système pour se mettre à l'abri financièrement le plus rapidement possible. http://bit.ly/2SRp5No

- Déléguer, voyager, profiter de la vie et de vos passions !

Cette liste n'est pas exhaustive...

12. Partir à l'étranger

Vaste sujet.
Moi je dirais simplement, où est votre pourquoi ?

Je résumerais ainsi : s'éloigner de sa famille et payer moins d'impôts, ou rester près de sa famille, ses enfants, dans son environnement et payer des impôts… Alors chaque cas est particulier. Aucun conseil sur ce sujet.

Par contre, ne faites pas n'importe quoi si vous voulez partir à l'étranger. Il existe plusieurs façons de le faire, mais faites le bien pour ne pas vous faire rattraper par le fisc français. Vous voulez partir pour la tranquillité d'esprit avant tout.

Suite à mon expérience, et que j'ai maintenant à faire en direct avec des entrepreneurs, je suis obligée de vous partager mon savoir.
Avant de partir à l'étranger, entourez-vous des personnes compétentes dans le domaine pour appliquer déjà les lois françaises méconnues pour la plupart, et que vous feront rester en France bien plus longtemps que vous ne l'imaginez.
Quand vous aurez tout mis en place, vous pourrez commencer à viser l'étranger.

Je vous rappelle au passage que votre notaire a signé un pacte avec l'état : il est là pour collecter l'argent et rémunéré en conséquence. Ne faites donc pas confiance à votre notaire dans ses conseils.
L'expert-comptable est expert pour… compter ! Il n'a pas de qualifications pour gérer votre patrimoine. Par contre, il a le devoir de vous mettre en relation avec des experts pour optimiser votre fiscalité.
Il doit donc vous diriger vers un avocat fiscaliste ou tout simplement vers un conseiller en gestion de patrimoine, dont c'est exactement le métier ! Mais méconnu en France.
Seulement, certains ont des expertises dans des domaines, telles que le placement, les assurances vie, les SCPI, mais pas forcément sur le « family office », c'est-à-dire l'optimisation de

votre patrimoine.
Vous pouvez venir vers moi pour en discuter, je peux vous présenter mon réseau.
Ce serait une erreur de ma part de ne pas vous en parler.
Si vous voulez payer moins d'impôts et moins de charges, vous seriez très agréablement surpris du résultat et en toute légalité, que ce soit profession libérale, SAS, SARL.
A bon entendeur…

Sinon, si vous voulez toujours partir à l'étranger, voici des personnes compétentes, qui ont des formations sur ce sujet :

- Maxence Rigottier, qui connait bien le sujet avec son frère Jonathan, en Estonie.

http://bit.ly/2JE6S2H

- Grégory Lagrange de Lifestylers, un homme libre entre l'étranger et la France. www.lifestylers.fr

Conclusion

« Le succès consiste à passer de l'échec à l'échec
sans perte d'enthousiasme »
Winston Churchill

J'espère que cette **méthode M.E.T.A.** vous aidera à passer au niveau supérieur. N'oubliez jamais que vous êtes la moyenne des 6 personnes qui vous entourent. Chaque mois qui passe me conforte dans l'idée qu'il faut diversifier ses sources de revenus, surtout si on ne veut pas retourner salarié.
« *Ne pas mettre tous les œufs dans le même panier* », cela prend de plus en plus son sens.

Attention, je ne dis pas de démarrer plusieurs projets en même temps ! C'est focus sur un projet à la fois, à mettre en place jusqu'au bout. Seulement lorsqu'il tourne en automatique, ou que vous pouvez déléguer, vous passez à un autre projet. Ce second projet n'est pas forcément identique. Vous avez vu toutes les pistes à explorer. Vous pouvez aussi commencer votre premier investissement immobilier. À vous de faire selon vos préférences.

Il s'est passé tellement de choses pour moi qui n'ont pas été prévues. Il vous est impossible de penser à ficeler un projet bien défini, bien calculé. Si vous pensez que vous vous lancerez quand vous aurez bien tout prévu, vous faites erreur ! Rien n'est prévisible. Si vous êtes perfectionniste, n'attendez pas la perfection sinon vous ne démarrerez jamais. Faites la moitié du chemin. La vie vous apportera l'autre moitié.

Vous constaterez par vous-même que *« l'état de flow* » ou « *la fluidité* » se met en place quand on est prêt : c'est un ensemble d'éléments évoluant dans un sens commun.
Pour cela :

- Aimez ce que vous faites.
- Acceptez ce qui vous arrive.
- Acceptez de ressentir la peur, la tristesse, la colère.
- Acceptez de ne pas avoir été à la hauteur et recommencez.
- Acceptez les choses extérieures à vous.
- Regardez ce que vous avez dans les mains, remerciez-vous et remerciez la vie.
- C'est tellement enrichissant !

- Vous voilà prêt à vivre « *en millionnaire* » (à vous de mettre votre curseur sur votre chiffre).
- Mais sachez que c'est une conjonction de plusieurs facteurs pour y arriver :

- Être dans l'état d'esprit pour y arriver.
- Savoir gérer vos finances.
- Savoir gérer votre temps.
- Automatiser un maximum votre business.
- Votre capacité à déléguer ce qui ne peut pas être automatisé.
- La persévérance et la régularité.
- Réaliser votre POURQUOI…

Maintenant qu'attendez-vous pour démarrer ? Pour moi, écrire ce livre est un exploit. Je n'ai jamais été bonne en composition de français. Une abonnée au 9/20. Et pourtant je suis en train de le faire. Rien n'est impossible ; il ne faut jamais laisser une personne prendre votre réussite.

J'arrive à la fin de l'écriture de ce livre, au mois de novembre 2018, qui correspond avec un mois de folie ! *La loi de l'attraction serait-elle en train de se mettre en route après tous ces efforts soutenus ?*

En attendant la vente de mon appartement, j'ai imaginé très fort une boutique à Lyon dans le quartier des créateurs (sur le bas des pentes de la Croix Rousse), forcément idéalement située, surtout sans « *pas de porte* » ou « *fonds de commerce* » à payer, juste un loyer « *correc*t ». J'ai aussi imaginé très fort trouver un appartement 3 pièces du côté du Caluire, dans la verdure, en rez de jardin si possible.

Mon « *concept store de créateurs - salon de thé* » voit le jour, avec des créateurs en plus de ma marque. J'ai signé mon bail ce 19 novembre 2018, sur le bas des pentes de la Croix Rousse, sans pas de porte, loyer correct, et cerise sur le gâteau : la boutique est magnifique en briques apparentes, 5 mètres de hauteur sous plafond, plafond de poutres en bois, une mezzanine pour ma créatrice styliste modiste, Nadège Cézette de En Bobine Moi. Monter une boutique en moins d'un mois, à distance, chercher un logement, des créateurs, finir les travaux, aménager la boutique, déménager, c'est une grosse pression… positive ! Au fait, je déménage, dans un 3P, rez de jardin tout neuf… au vert.

Ne me parlez surtout pas de chance. J'ai travaillé très dur pour arriver à cela. C'est juste la récompense. Cela est également possible pour vous, c'est surtout ce message que je veux vous faire comprendre. On provoque sa chance, pour cela il faut passer à l'action.

Organisation, efficience, persévérance, tenir le cap et la concentration. Les neurones chauffent mais tiennent le coup grâce à cette excitation de voir naitre son projet, en plus d'une bonne hygiène de vie.

J'ai décidé de partager ma marque et mon local avec d'autres créateurs, pour créer une dynamique, un esprit collectif, un lieu d'échange et de partages, riche de relations humaines. Je ne veux surtout pas m'ennuyer dans ma boutique. Je veux que ce soit un lieu de vie autour du salon de thé. J'en profite pour rajouter qu'être derrière son ordinateur toute la journée, on se sent un peu seul(e). Tout entrepreneur du web en souffre. C'est de ce sentiment que je me suis dit : si j'avais une boutique, ce serait mon bureau et la porte serait ouverte pour vendre mes produits en même temps. Pour éviter ce problème, pensez aux espaces de co-working. Je ne sais pas encore ce que sera l'avenir avec ma boutique.

Mais quel que soit votre projet, et si le succès est au rendez-vous, soyez prêt : les gens seront jaloux de votre succès, ils vont vous critiquer, au lieu de venir vers vous et vous demander comment vous avez fait pour réussir. C'est ainsi que fonctionnent les français.

Par contre, celui qui veut essayer d'y arriver, je suis à l'écoute pour vous aider.

Un dernier conseil vis à vis de votre travail :

« *Commencez par comprendre, puis apprendre, ensuite appliquez, et accélérez* »
Yann Darwin.

Quel sera l'avenir de ce livre ? Je n'en sais rien. Je me dis que vous allez fermer ce livre. Quelques-uns d'entre vous auront peut-être envie de continuer ou lancer leur projet. Je sais par expérience personnelle, ce que je vois autour de moi, et par les coachs, que mener seul.e. un projet à bout est difficile. Même en duo cela peut ne pas suffire. La preuve ? Mon associé sur mon deuxième e-commerce, qui avait pourtant le bon mindset, lu les bons livres, n'a pas résisté à la pression du travail. Les aléas de l'entreprenariat. Mais ce n'est pas grave.

Printemps 2019, le temps passe, je continue d'expérimenter, d'apprendre et de m'aligner de plus en plus avec ce que j'aime. Le matin je poursuis ma vie d'entrepreneuse chez moi. L'après-midi, soit je vais à la boutique, soit les créateurs se relayent pour la tenir.

Je vous ai préparé un site internet à mon nom www.valerieficheux.fr dédié au webmarketing. Vous y trouverez des articles de blog intéressants pour votre business.

Vous pouvez vous inscrire à ma mailing liste, ou plutôt « **250 jours de mini-formations offertes** » : https://valerieficheux.fr/contact/ pour continuer de recevoir des informations qui vous aideront dans votre vie d'entrepreneur en général. Je vous prépare également un autre projet de formation.

Mais aussi :

- soit vous démarrez mais vous avez du mal à élaborer votre projet,
- ou soit vous êtes lancé mais votre business stagne,

je vous offre 1h d'écoute afin d'en discuter ensemble.
Attention : que pour les personnes vraiment motivées à avancer, déterminées à faire croître leur business : http://bit.ly/2DgjJpv.

Bon courage pour les échéances à venir, je vous souhaite tout le bonheur qui soit. Je me félicite surtout d'avoir franchi le premier pas : vous immerger dans ce livre et peut-être faire germer une petite graine…

« L'inverse de la réussite, c'est de ne rien faire »

PS : Une dernière chose, si tu lis ces mots c'est sans doute que tu es arrivé au bout, toujours motivé, et je te considère maintenant de la famille des entrepreneurs, des personnes qui passent à l'action. Je me permets donc de te tutoyer. Tu as sûrement le désir ardent de passer à l'action (lire le livre de Napoléon Hill).

« Tout ce que le mental de l'homme
peut concevoir et croire il peut le réaliser ».

Napoléon Hill

Alors la meilleure chose à faire c'est de passer à l'action maintenant avant la fermeture de ce livre, pose toi, réfléchis, écris ici et maintenant, un objectif à réaliser dans un temps défini (un objectif smart !) qui pourrait te permettre de poser ta première pierre à ton projet.

Écris quel est ton POURQUOI tu dois ATTEINDRE cet OBJECTIF. Un véritable POURQUOI, une véritable motivation, la seule qui peut te donner des ailes.

Bon envol vers la liberté !

OBJECTIF: ....
....
....
....
....
....

QUEL EST TON POURQUOI (le vrai !) : ....
....
....
....
....

Bravo, tu peux être fier de toi !
Reviens régulièrement lire ta réponse…

« La peur est, ce qui vous arrête, le courage est, ce qui vous permet d'avancer ».

À bientôt, vive la liberté, vive le bonheur ! Force à toi.

Pour bien t'aider à démarrer, je t'offre mon bonus marketing plein d'astuces de professionnels : **« les 7 axes de communication dans votre marketing »**. C'est le complément de ce livre. Pour le récupérer, inscris toi via le QR code suivant ou sur www.valerieficheux.fr

Remerciements

D'abord à mon ex-patron de ne pas m'avoir retenu en me proposant un autre poste. Merci Larbi. Mais merci surtout pour toute l'expérience accumulée pendant ces 8 années qui ont forcément façonné mon chemin, même si ce n'était pas toujours tout rose, le papillon voulait voler…

À mes enfants, Jules (qui m'inspire) et Élise pour m'avoir soutenue, encouragée, fait des sacrifices depuis 2 ans, alors que c'est la période la plus difficile financièrement avec 2 étudiants dans 2 villes différentes. Il y a toujours une solution à tout, merci aussi au prêt étudiant. Cela n'a pas entravé leur parcours et je leur souhaite l'épanouissement dans leur carrière professionnelle. C'est bien parti. Ils ont fait la moitié du chemin, la vie leur amène l'autre moitié : Jules a suivi son cap en biologie, selon les recommandations de Jean-Louis Etienne, pas de ses profs. Il en est ravi, se fait son chemin et va arriver à son but. Thèse l'année prochaine. Élise est allée aussi contre l'avis de ses profs vers l'anthropologie, puis vers l'économie solidaire et le développement durable. Elle rayonne dans son élément. Elle a fait aussi son chemin. Elle est même rédactrice du magazine sur mon deuxième projet e-commerce. Que vos enfants fassent avant tout ce qu'ils aiment…

À ma famille qui m'a aidée financièrement à passer ce cap, surtout le tour de passe-passe entre la prise de la boutique et la signature de l'appartement. Merci Maman, merci Arnaud, merci Nathalie pour vos conseils. Merci pour votre patience et d'avoir cru en moi. Jamais de réflexion négative quand ça ne marchait pas toujours comme je voulais. Merci à vous. Je vous aime. Arnaud je te dois des cartouches d'encre…

À ma cousine Odile pour son soutien littéraire, ses relectures à chercher les moindres fautes d'orthographes sur le site, le communiqué de presse, le dossier de presse, le livre…etc.

À mon cousin Benoit pour la mise en page de ce livre. Il a bien souffert avec toutes mes corrections… Mille mercis pour son aide précieuse dans cette dernière ligne droite.

À ma petite cousine Marie … pour TOUT !

À mes copines qui m'écoutaient raconter mes idées loufoques auxquelles bien souvent je trouvais des solutions en leur parlant !

À mes copines qui commencent enfin à bouger leurs fesses au lieu de se plaindre sans arrêt de leur problème au travail… Non mais ça suffit ! On est là pour vivre, pas pour se plaindre.

À mes copains qui m'encourageaient aussi, me donnant chacun leur bon conseil.

À tous mes nouveaux amis exceptionnels connus dans les différents séminaires, évènements, c'est une aventure incroyable.

À Nadège particulièrement, la créatrice d'En Bobine Moi, qui m'a tendu la main pour visiter la boutique à Lyon 5 mois après une seule rencontre. Tout est parti d'un Cannes-Lyon-Cannes pour un évènement de créateur, pas à la hauteur financière d'un tel déplacement, mais il ne faut jamais dire jamais. Il m'a permis de rencontrer Nadège qui change ma vie en ce moment. 900 km bien investis finalement, contrairement à ce que l'on aurait pu croire… Vous ne faites jamais les choses pour rien, jamais. Faites la moitié du chemin…

À tous les formateurs, au webmarketing, à la vie, à la liberté et au bonheur qui en découle !

Faites la moitié du chemin… la vie vous apportera l'autre moitié.

Livres à lire

N'arrêtez jamais de lire, n'arrêtez jamais d'apprendre. L'option B du bac se construit tout au long de la vie.

Si vous voulez vraiment progresser, il est bon de commencer par lire des livres sur le développement personnel, puis des livres de winners (Musk, Branson) et des livres sur le marketing. Réservez-vous des plages de lecture, notamment le soir pour décrocher des écrans d'ordinateur. Je peux vous assurer que j'ai pu constater que le soir je pouvais travailler des heures sur mon ordinateur, ne pas être fatiguée, mettre du temps à faire venir le sommeil. La lumière bleue n'est vraiment pas bonne. Commencez d'abord par installer une application anti-lumière bleue pour vous protéger. La lecture vous coupe de tout cela, vous enrichit, et vous permet de récupérer un sommeil plus sain.

Il était une fois une vache, Camilo Cruz (l'excusite !) https://amzn.to/2v6JSm8
Le syndrome de la mouche contre la vitre : Comment décrypter les messages de l'inconscient pour mieux vivre et reprendre le contrôle de sa vie, Liliane Holstein https://amzn.to/31eE7SD
Ta deuxième vie commence quand tu comprends que tu n'en as qu'une, Raphaelle Giordano https://amzn.to/2KuT8JV
Comment se faire des amis, Dale Carnegie (afin de mieux comprendre vos interlocuteurs qui seront vos partenaires) https://amzn.to/2XaSTqE
Miracle Morning, Hal Erold https://amzn.to/2PzWHPH
Elon Musk (Paypal, Tesla) https://amzn.to/2X9GK59
Virgin, mon destin, Richard Branson https://amzn.to/2DbGiMg

La voie du pirate, Xavier Niel https://amzn.to/2XJyqJN
Steve Jobs, Walter Isaacson https://amzn.to/2PqWH4e
The Force Behind the Brand, Jeff Bezos https://amzn.to/2v693Fv
La 25eme heure : les secrets de productivité de 300 startuppers qui cartonnent https://amzn.to/2KyDE9d
Le principe 80/20, Richard Koch https://amzn.to/2v6Dyvg
Influence & manipulation, Robert Cialdini https://amzn.to/2Z7lzm9
The Millionaire Fastlane, MJ DeMarco https://amzn.to/2ZbrVRl
100 Ways to improve your writing, Gary Provost https://amzn.to/2KCDsWN
Breakthrough Advertising, Eugene Schwartz (copywriting) https://amzn.to/2X4zDLc
Le miracle de l'intention, Pat Davis https://amzn.to/2XdoQyC
La vache pourpre, Seth Godin https://amzn.to/2DfCUzM
Réfléchissez et devenez riche, Napoleon Hill https://amzn.to/2KDRK9F
Père riche, Père pauvre, Robert T.Kiyosaki https://amzn.to/2v4PwW8
Le quadrant de cash-flow, Robert T.Kiyosaki https://amzn.to/2XcVekS
L'entreprise du 21è s, Robert T.Kiyosaki https://amzn.to/2X8xqyn
L'école des affaires, Robert T.Kiyosaki https://amzn.to/2Z8xmk0
La loi de l'attraction, Esther et Erick Hicks https://amzn.to/2PtvcH8
Comment écrire des pages de vente sur internet, Christian Godefroy https://amzn.to/2KBSYlJ
L'effet cumulé, Darren Hardy https://amzn.to/2ZcbXqg
Pouvoir illimité, Tony Robbins https://amzn.to/2KDiiHR
La bible du coaching aujourd'hui, David Lefrançois https://amzn.to/2P9c9C0
Stratégies & Prospérité, Jim Rohn https://amzn.to/2P8yXSg
La Méthode des Investisseurs Rentables, Yann Darwin

(immobilier)
Lettre d'un entrepreneur, Alexandre Roth (webmarketing)
Enfin rentier, Sébastien Cerise (e-commerce) https://amzn.to/2Pa8KCI
Meilleur marketing, Cedric Anicette
Tout le monde n'a pas eu la chance de rater ses études, Olivier Roland (blog) https://amzn.to/2VJZd87
Vivre sa vie avec son blog, Aurélien Amacker : Livre offert via ce lien http://bit.ly/2Dix56C
Tout le monde mérite d'être riche, Olivier Seban https://amzn.to/2KxKnjQ
Adieu patron, Romain Caillet (immobilier) https://amzn.to/2KyOKLr
Comment je suis devenue rentière en 4 ans, Élise Franck https://amzn.to/2VIOafx
Écrire pour le web, Muriel Gani (copywriting) https://amzn.to/2UWtZ0f
Lean Startup, Éric Ries https://amzn.to/2ZdPIQS
Créer sa marque et son identité, Sophie-Charlotte Chapman et Sandrine Franchet https://amzn.to/2KQEhvl

Vous trouverez plein d'autres livres sur libreentreprise.com ou sur www.labibliothequedesentrepreneurs.fr pour lire 2 fois plus en 2 fois moins de temps ! Tous les livres sont synthétisés et en audio.

L'Auteure

Vous avez décidé de lancer votre entreprise sur internet. Vous avez sûrement entendu des personnes avec de l'expérience, vous dire ce genre de phrase :

« Si tu as décidé de faire du dropshipping, ce serait bien pour toi de connaître les bases du SEO pour être performant dans ton eshop, puis de maîtriser le back- end, le copywriting, de surtout bien remplir tes méta descriptions et tes balises title. Puis de maîtriser Facebook Ads, les conversions, le retargeting et de bien savoir scaler tes pubs. Sans oublier surtout de split-tester toujours et encore».

« *Est-ce que pour vous c'est du* ***charabia*** ?

Pour moi, ça été le cas. Du coup j'ai cherché partout un livre pour synthétiser cela. N'ayant pas trouvé, je l'ai fait pour vous ! Afin de vous rendre tout ceci très accessible, limpide et comprendre les concepts de l'entrepreneur sur internet et du webmarketing.

Dans quelques heures, ce langage n'aura plus de secret pour vous. Vous aurez les clés pour démarrer dans l'entrepreneuriat, lever vos freins, acquérir le bon état d'esprit, trouver des idées de métiers, des solutions pour bien monter votre entreprise, des financements pour vous lancer.

Valérie Ficheux est la créatrice de la marque « ma_sacoche(mon-ideal) » : housses et sacoches d'ordinateur de couleur essentiellement en liège. Autodidacte, riche de plusieurs expériences à son compte, dans divers domaines d'activités, elle vous partage son savoir et vous accompagne sur la moitié du chemin pour vous reconvertir. À vous de faire l'autre moitié…

Vous pouvez la retrouver sur : www.valerie ficheux.fr

VOS NOTES.

42451554R00136

Printed in Poland
by Amazon Fulfillment
Poland Sp. z o.o., Wrocław